MIRELA STANLY

Unnützes Wissen FRANKFURT

711 ERSTAUNLICHE FAKTEN

emons:

Bibliografische Information der Deutschen Nationalbibliothek

Die Deutsche Nationalbibliothek verzeichnet diese Publikation in der Deutschen Nationalbibliografie; detaillierte bibliografische Daten sind im Internet über http://dnb.d-nb.de abrufbar.

Konzept, Satz und Gestaltung: Weusthoff Noël, kommunikation, design, Hamburg

Umschlaggestaltung: Weusthoff Noël, kommunikation, design, Hamburg

Druck und Bindung: B.O.S.S Medien GmbH, Goch

ISBN 978-3-95451-876-0

»WISSEN IST MACHT, UNNÜTZES WISSEN MACHT SPASS«!

ES GIBT BÜCHER ÜBER FRANKFURT, über 111 Orte in Frankfurt, die man gesehen haben muss, über die Frankfurter Börse, Frankfurter Würstchen, den Kaiserdom, über die Eintracht und – sonst eigentlich nicht so viel.

Und jetzt gibt es auch ein Buch mit unnützen Fakten über Frankfurt. Einfach, knapp, unverschnörkelt. Unnütz, aber nicht nutzlos.

Denn manche Fakten darin scheinen nur auf den ersten Blick unnütz. Wie zum Beispiel, dass **»AM BERGER HANG OREGANO WÄCHST«.**

Wenn du aber mal an einem Sonntag für einen Besuch eine leckere Pasta mit Tomatensoße kochst und merkst, die Katze hat das Gewürzregal umgeschmissen, dann kannst du dich auf dein Fahrrad schwingen, zum Berger Hang fahren und….

Oder auch dieser Fakt wirkt zunächst total unnütz:
»DER VON FRANKFURT AM WEITESTEN ENTFERNTE ORT MIT DEM NAMEN FRANKFORD LIEGT 16.666,99 KM LUFTLINIE ENTFERNT IN TASMANIEN«
Wahrscheinlich wirst du dich niemals in diesen Flecken Erde verirren, in dem 98 Männer und 96 Frauen leben und den die Frankford Road B71 in zwei Hälften schneidet.

Wozu also könntest du diesen Fakt gebrauchen?

Stell dir vor, du bist eines Tages auf einer Party, bei der jemand mit seinen Frankfurt-Kenntnissen prahlt und »Insiderwissen« aus »TripAdvisor.de« zum Besten gibt. Dann wirf doch einfach mal diesen Fakt in die Runde! Mal sehen, was er darauf zu erwidern weiß. Und dann trittst du noch damit nach: **»JAPANER SAGEN ZU FRANKFURT FURANKUFURUTO«**

Genau so kann es dir mit allen 711 in diesem Buch versammelten Fakten ergehen.

Was du mit ihnen anfängst, bleibt dir überlassen. Ob du darüber staunst, darüber lachst, damit angibst oder sie einfach als leichte Lektüre auf der Toilette griffbereit hast.

Wir wünschen viel Vergnügen, denn: »Wissen ist Macht, unnützes Wissen macht Spaß!«

Besuch uns auf Facebook:

www.facebook.com/UnnuetzesWissenFrankfurt

001 // MIT DEM TAXI DURCH DAS GESAMTE STRASSENNETZ FRANKFURTS ZU FAHREN WÜRDE OHNE STANDZEITEN 2.233,88 EURO KOSTEN.

002 // Japaner sagen zu Frankfurt ***»Furankufuruto«.***

003 // Würde man von Frankfurt aus ein Loch durch den Mittelpunkt der Erde bohren, käme man auf der anderen Seite im südwestlichen Pazifik heraus. Der ***nächste bewohnte Ort*** ist die neuseeländische Insel Pitt Island mit 45 Einwohnern.

004 // Im Asteroidengürtel gibt es den Asteroiden ***»(204852) Frankfurt«***.

005 // Bis 1963 gab es in Frankfurt einen Heilbrunnen. Er hieß ***»Grindbrunnen«***.

006 // Bei den meisten ***»Frankforts«*** in den USA, die fast alle von den ersten Siedlern nach Frankfurt am Main benannt wurden, heißt die Hauptstraße wie in den USA üblich ***»Main Street«***.

007 // Für einen ***Big Mac*** muss ein Frankfurter durchschnittlich 13 Minuten arbeiten.

TAXI
TAXI
25 00 01
23 00 01
Taxi-Zentrale
250001
250001

008 // DER FRANKFURTER MESSETURM IST UNGEFÄHR SO HOCH WIE 54 GIRAFFEN.

009 // Für ein ***iPhone6 16 GB*** arbeitet man in Frankfurt 41,6 Stunden.

010 // Aus einer winzigen Werkstatt in Frankfurt kommen ***alle Schlüssel, Schlösser und Schließanlagen der Deutschen Bahn.***

011 // Studierende der Uni Frankfurt nannten aus Protest gegen Straßenumbenennungen einen Tag lang Straßen am Unigelände auf Google Maps um in »Allee zur überteuerten Mensa«, ***»Weg der unterbezahlten Hilfskräfte«*** und »Straße zur gescheiterten Elite«.

012 // ***16 Prozent aller Millionäre*** Deutschlands leben in Frankfurt.

013 // Frankfurt liegt auf ***Platz 5 der internationalen Liste*** mit den meisten Millionären und auf Platz 6 der meisten Multimillionäre.

014 // Im 19. Jahrhundert wurde versucht, ***Frankfurter Würstchen in eckige Dosen zu verpacken***, damit sie für den weltweiten Export von Kamelen besser durch die Wüste transportiert werden können.

015 // DIE ZEIL IST MIT 13.480 PASSANTEN PRO STUNDE DIE AM ZWEITHÄUFIGSTEN FREQUENTIERTE EINKAUFSSTRASSE DEUTSCHLANDS NACH DER MÜNCHNER KAUFINGERSTRASSE.

016 // Im US-amerikanischen Philadelphia, seit 2015 Partnerstadt von Frankfurt, gibt es einen Stadtteil, der ***Frankford*** heißt und als ***Kriminalitätshochburg*** gilt.

017 // Die ***Firma »Frankford Candy«*** ist einer der größten Hersteller von ***Schokoladenosterhasen*** in den USA.

018 // Die Traditionsmetzgerei Gref-Völsing, die für ihre Würste aus ***reinem Rindfleisch*** bekannt wurde, befand sich die ersten 19 Jahre nach ihrer Gründung 1894 im Haus ***»Zum goldenen Kalb«***.

019 // ***Hermann Gref***, der Sohn des Firmengründers, war maßgebend an der Entwicklung des ***Wurstclippers*** beteiligt, mit dem man Würste am Ende statt mit Kordeln mit Metallclips verschließt.

020 // IM »FRANKFURTER KOCHBUCH« DER KÖCHIN WILHELMINE RÜHRIG VON 1860 GIBT ES EIN REZEPT FÜR FRANKFURTER WURSTKUCHEN.

---

021 // Im ***Telefonbuch*** gibt es für ganz Deutschland 37 Einträge mit dem Nachnamen ***»Frankfurter«***, keinen einzigen davon in Frankfurt.

022 // Das erste Mehrfamilienhaus nach dem neuen »Effizienzhaus-Plus«-Standard, das mehr ***Energie*** erzeugt, als die Bewohner brauchen, steht am Westhafen in der ***Speicher***gasse.

023 // Der Frankfurter Flughafen bietet Reisenden ***800 Steckdosen zum Aufladen*** von Smartphones und Tablets.

024 // Ein ***Frankfurter Adler***, der wie ein gerupfter Spatz aussah, wurde im 16. Jahrhundert Betrügern und Falschspielern auf die Stirn gebrannt, um die Öffentlichkeit vor ihnen zu warnen.

025 // Die ***erste Weltumrundung mit einem Auto*** unternahm von 1927 bis 1929 Clärenore Stinnes mit einem »Adler Standard 6« der Frankfurter Adlerwerke.

026 // Jedes fünfte Auto in Deutschland vor dem Zweiten Weltkrieg war ein ***»Adler«.***

027 // In 60 Prozent der Frankfurter Läden wird ***Alkohol an Jugendliche unter 16 Jahren*** verkauft.

028 // In Frankfurt beginnen ***209 Straßennamen mit »Am«*** (von »Am Abtshof« bis »Am Ziehgraben«).

029 // Die Fenster des Studentenwohnheims »The Fizz« im Sommerhoffpark sind so angeordnet, dass sie die ***rhythmische Notation*** des Pink-Floyd-Songs ***»Another Brick In The Wall«*** ergeben.

030 // DER HAMMERING MAN VOR DEM MESSETURM HAT DIE SCHUHGRÖSSE 560.

---

031 // Für einen Schlag mit dem Hammer braucht der ***Hammering Man 14 Sekunden***.

032 // Am ***Drei-Kaiser-Bau in der Kaiserstraße*** 3 ist im vierten Stock ebenfalls ein »Hammering Man« zu sehen, eine Kolossalstatue, die das Gewerbe darstellen soll.

033 // 70 PROZENT DER FRANKFURT-BESUCHER HABEN GESCHÄFTLICH IN DER STADT ZU TUN.

034 // 2014 leisteten die Mitarbeiter der Frankfurter Feuerwehr- und Rettungswachen insgesamt ***25.863 Überstunden***.

035 // Im 19. Jahrhundert hieß eine mit der heutigen ***Staatsanwaltschaft*** vergleichbare Ermittlungsbehörde in Frankfurt ***»Peinliches Verhöramt«.***

036 // Das Leinwandhaus am Weckmarkt, in dem heute das ***Caricatura Museum für Komische Kunst*** mit Werken der »Titanic«-Gründer untergebracht ist, war einmal eine ***Anstalt für Geisteskranke.***

037 // IN FRANKFURTS KLINIKEN KOMMEN PRO STUNDE DURCHSCHNITTLICH 1,38 BABYS ZUR WELT.

038 // Es gibt ***193 Staaten*** auf der Erde. In Frankfurt leben Menschen aus ***178 Nationen.***

039 // Die ***Philipp-Holzmann-Straße*** im Ostend wurde 2015 umbenannt in ***Philipp-Holzmann-Weg.***

040 // 40 Prozent der Frankfurter Jugendlichen geben an, mindestens einmal ***Cannabis*** konsumiert zu haben.

041 // Autofahrer stehen in und um Frankfurt jährlich ***durchschnittlich 37 Stunden im Stau.***

042 // Gibt man in Microsoft Word das Wort ***»Seckbach«*** ein, wird es rot unterwellt, und die Autokorrektur schlägt stattdessen ***»Speckbauch«*** vor.

043 // An den Buden des Frankfurter Weihnachtsmarkts kursieren jedes Jahr ***75.000 Tassen.***

044 // Der 116 Meter hohe AfE-Turm im Westend war das höchste Gebäude, das jemals in Europa ***gesprengt wurde***.

045 // Zur Sprengung des AfE-Turms wurden ***950 Kilogramm Sprengstoff in 1.400 Bohrlöchern gezündet.***

046 // Die namensgebende ***»Abteilung für Erziehungswissenschaft«*** der Uni Frankfurt zog nie in den AfE-Turm ein, da sie vor Eröffnung des Turms 1973 geschlossen wurde.

047 // Ein Tourist bleibt ***im Durchschnitt 1,7 Tage*** in Frankfurt.

048 // Ein Paar Original Frankfurter Würstchen mit Brötchen und Senf und Ketchup hat ***488 Kilokalorien***. Genauso viel wie ein Stück Frankfurter Kranz.

049 // Frankfurt-Schwanheim hieß ursprünglich ***Schweinheim***.

050 // Im Hollywoodfilm »A-Team« aus dem Jahr 2010 wird eine ***Luftaufnahme von Frankfurt*** gezeigt. Darauf sind aber ganz deutlich der Kölner Hauptbahnhof und der Kölner Dom zu sehen.

051 // Im selben Film fährt ein Bus der Frankfurter Verkehrsgesellschaft mit dem Kfz-Zeichen ***FF von Frankfurt (Oder)***.

052 // Sophie und Alexander waren 2015 die ***beliebtesten Babyvornamen*** in Frankfurt.

053 // Im Wissenschaftsgarten der Uni Frankfurt und im Botanischen Garten stehen ***Komposttoiletten,*** bei denen man statt mit Wasser mit ***Sägespänen*** »spült«.

054 // SEIT 1. JANUAR 2015 MÜSSEN FRANKFURTS RICHTER UND STAATSANWÄLTE IHREN MÜLL SELBST ZUR SAMMELSTELLE BRINGEN, NUR DER PAPIERMÜLL WIRD NOCH VON REINIGUNGSKRÄFTEN ENTSORGT.

055 // 2014 wurden insgesamt ***207.000 Tempo- und Rotlichtsünder*** in Frankfurt geblitzt.

056 // Das »Crazy Sexy« im ***Bahnhofsviertel*** ist das größte Laufhaus Deutschlands.

057 // Das »Crazy Sexy« wurde 1969 mit der Unterstützung des damaligen ***Polizeipräsidenten*** Gerhard Littmann eröffnet.

058 // Die ursprüngliche amtliche Bezeichnung des »Crazy Sexy« war ***»Frauenwohnheim«***.

059 // Die Frankfurter Bauaufsicht lässt bei AirBnB pro Jahr 300 bis 400 Wohnungen aus dem Angebot nehmen, die sie als ***illegal einstuft.***

060 // Der Pharma-Riese Sanofi zahlt mit rund 400 Millionen Euro jährlich mehr ***Gewerbesteuer*** an Frankfurt als alle 220 ansässigen Banken zusammen.

061 // DIE VERLÄNGERTE LUFTLINIE VON DER LIEBFRAUENKIRCHE ZUM KAISERDOM ST. BARTHOLOMÄUS FÜHRT GENAU NACH MEKKA.

---

062 // Die ***Entfernung Frankfurt – Mekka*** betragt 4.191 Kilometer Luftlinie.

063 // Vor Schnellrestaurants und an Bushaltestellen findet man in Frankfurts Innenstadt bis zu ***80 ausgespuckte Kaugummis pro Quadratmeter.***

064 // Sechsmal im Jahr »schießt« auf der Zeil ein ***Spezialteam mit einer Spritze und Wasserdampf*** ausgespuckte Kaugummis von der Straße weg. Ein Einsatz kostet 20.000 Euro.

065 // An der Galluswarte gibt es zwei Trinkhallen: Die direkt im Turm heißt »Trinkhalle ***an der*** Warte«, die etwas vom Turm entferntere heißt »Trinkhalle ***im*** Turm«.

066 // Von 2011 bis 2013 stieg die Nachfrage nach ***Urnengräbern*** in Frankfurt um 65 Prozent.

067 // ***Jeder zweite Frankfurter*** hat einen Migrationshintergrund.

068 // Während der Frankfurter Buchmesse kann ein Einzelzimmer in einem Hotel in Messenähe bis zu ***600 Euro pro Nacht*** kosten.

069 // DIE ERSTE KOMMERZIELL BETRIEBENE ELEKTRISCHE STRASSENBAHN IN DEUTSCHLAND FUHR 1884 DURCH FRANKFURT.

070 // 68 Prozent der Frankfurter wissen, ***wer der Oberbürgermeister*** von Frankfurt ist.

071 // Die Frankfurter Parfümerie Albrecht kreierte das Parfum ***»Zero Sixty Nine«*** in Anspielung auf Frankfurts Telefonvorwahl 069.

072 // Radio Antenne Frankfurt 95.1 hat die ***Telefonnummer 069/669 669 669.***

073 // Das 2005 abgerissene ***Fernmeldehochhaus war 69 Meter*** hoch.

074 // In ***Shakespeares »Kaufmann von Venedig«*** sagt Shylock im dritten Akt: »Ein Diamant fort, kostet mich zweitausend Dukaten zu Frankfurt!«

075 // Das »Frankfurter Kreuz« ist der meistbefahrene Straßenverkehrsknotenpunkt Deutschlands. Der DE-CIX in Frankfurt ist der Internetknoten mit dem ***größten Datenverkehrsvolumen der Welt***.

076 // Auf dem ***Frankfurter Hauptfriedhof*** liegen sowohl die Vorbilder für die Figur des Zappel-Philipps (Dr. Philipp Julius von Fabricius) und des Paulinchens mit den Streichhölzern (Pauline Schmidt) aus dem »Struwwelpeter« begraben, als auch dessen Verfasser Heinrich Hoffmann.

077 // DIE MÜLLEIMER AUF DER ZEIL HEISSEN »PINTO XXL«.

078 // Die Abfalleimer auf der Zeil haben Noppen, damit ***Wildplakatierer*** sie nicht zuplakatieren können.

079 // Das denkmalgeschützte Grabmal des ***Landgerichtsdirektors Richard Dorn*** am Frankfurter Hauptfriedhof im Gewann F 930 ist seit 2005 verschwunden.

080 // IN FRANKFURT WERDEN, NACH DEN RÜCKSTÄNDEN IM MAIN ZU SCHLIESSEN, ETWA 50.000 LINES KOKAIN PRO TAG VERBRAUCHT.

081 // Das ***Marineschiff »Frankfurt am Main«***, dessen Pate die Stadt Frankfurt ist, gehört zum ***Trossgeschwader der Zerstörerflotte***.

082 // Die ***Wasserspiele*** in den Frankfurter Parks kosten die Stadt pro Park und Saison etwa 60.000 Euro.

083 // Von 35 Imamen in ***Frankfurter Moscheen*** sprechen sieben fließend Deutsch.

084 // IM STANDESAMT DES FRANKFURTER RÖMERS GIBT ES DEN EINZIGEN HOCHZEITSPFÖRTNER DEUTSCHLANDS. ER GELEITET DIE PAARE IN DEN TRAUSAAL.

085 // Im Römer werden pro Jahr ***2,5-mal so viele Ehen*** und fünfmal so viele Lebenspartnerschaften geschlossen wie in allen anderen fünf Frankfurter Trausälen zusammen.

086 // Nach Frankfurt kommen pro ***Tag über 200.000 Touristen***.

087 // In Frankfurt gibt es viermal so viele ***Urkundenfälschungsdelikte*** wie in München, aber etwa genauso viele Rauschgiftdelikte.

088 // DAS LOKAL »UNSER TÄGLICH BROT« IM BASEMENT DES JAPAN CENTERS HAT SAMSTAGS UND SONNTAGS GESCHLOSSEN.

089 // Im Verkehrsmuseum in Schwanheim befindet sich die ***weltgrößte Sammlung von Wandrosetten***, an denen Straßenbahnoberleitungen befestigt werden.

090 // Im Verkehrsmuseum stehen außerdem der älteste erhaltene elektrische Straßenbahn-Triebwagen sowie der Prototyp des ***ersten echten Stadtbahn-Triebwagens der Welt.***

091 // Eintracht Frankfurt steht auf ***Platz zehn*** der mitgliederstärksten Fußballvereine Deutschlands.

092 // Frankfurt hat seit 2000 durchschnittlich ***1.704 Sonnenstunden im Jahr.***

093 // Die Frankfurter ***Berufsfeuerwehr hat 27*** und die ***Freiwillige Feuerwehr 57*** Löschfahrzeuge.

094 // Von den 3.400 ***Frankfurter Straßen*** werden 33 zehnmal die Woche gereinigt.

095 // Die ***»Frankfurter Horizontale«*** ist ein Begriff der ***Schädellehre,*** der bei Röntgenaufnahmen und Computertomografien Anwendung findet. Sie verläuft vom Unterrand der Augenhöhle zum höchsten Punkt des Gehörgangs.

096 // ***Fluggäste, die größer als zwei Meter*** sind, können nicht von den Körperscannern am Frankfurter Flughafen durchsucht werden.

097 // Die Frankfurter Arbeitnehmer fehlen mit ***durchschnittlich nur 13,1 Krankheitstagen*** weniger als der hessische Durchschnitt, der bei 16,6 Tagen liegt.

098 // Die Heddernheimer Fastnachtzuggesellschaft »Klaa Paris« erklärte auf ihrer Homepage 2015 zwölf Zeilen lang, weshalb ihr Vorsitzender »***Statthalter***« und nicht »Stadthalter« heißt, um dann als Überschrift zu schreiben: »Die ***Stadthalter*** der närrischen Freien Reichsstadt Klaa Paris«.

099 // Würde man ***alle Einwohner*** Frankfurts Schulter an Schulter nebeneinanderstellen, ergäbe das eine ***Menschenkette*** von Frankfurt bis nach Dachau bei München.

Verein
für
Deutsche
Schäferhunde
O.G.Ffm.-Süd 1922

100 // IN FRANKFURT SIND 16.608 HUNDE GEMELDET, DIE TÄGLICH RUND 6 TONNEN KOT AUF DEN STRASSEN HINTERLASSEN.

---

101 // Offiziell gibt es in Frankfurt ***271 gefährliche Risikohunde***.

102 // Genau vor dem ersten veganen Vollsortiment-Supermarkt ***»Veganz«*** in der Spessartstraße steht der ***»Bernemer Wurstmax«.***

103 // Es gibt etwa ***50 Internetblogs***, die von Frankfurtern geschrieben werden oder Frankfurt zum Thema haben.

104 // 2014 wurde an jeder Tankstelle Frankfurts ***durchschnittlich 17-mal Benzin*** getankt, aber nicht bezahlt.

105 // Das Programmkino ***»Mal seh'n«*** im Nordend wurde 1984 von einer Handvoll Filmbegeisterter provisorisch in der Turnhalle einer ***Blindenanstalt*** gegründet.

106 // Das »Mal seh'n« hat als erstes Kino in Hessen 2015 eine ***App mit Audio-Szenen-Beschreibung für Blinde*** installiert.

107 // Im Frankfurter Stadtwald liegt die ehemalige Fassade des barocken »Darmstädter Hofs«, der auf der Zeil stand, als ***Kletterfelsen für Mufflons***.

108 // Am Frankfurter Mainufer liegt ***das einzige Dönerboot Europas*** vor Anker.

109 // ES GIBT ETWA 313 FUSSBALL-VEREINE IN DEUTSCHLAND, DIE EINTRACHT IM NAMEN STEHEN HABEN.

---

110 // Der Schriftzug auf der »Commerzbank-Arena« ist mit 95 Metern Länge und fünf Metern Höhe ***die größte Leuchtreklame*** Europas.

111 // Der Commerzbank-Arena-Schriftzug wird durch ***20.763 weiße LEDs*** zum Leuchten gebracht.

112 // DIESELBE FIRMA, DIE DEN COMMERZBANK-ARENA-SCHRIFTZUG ERZEUGT HAT, FERTIGTE AUCH DIE LEUCHTREKLAME FÜR DIE »FRANKFURTER ALLGEMEINE ZEITUNG« AM FRANKFURTER HAUPTBAHNHOF.

Frankfurter Allgemeine
ZEITUNG FÜR DEUTSCHLAND

IN DIE SCHIRN GEHEN IST KEINE KUNST
www.kuk.de

113 // DER DIREKTOR DER SCHIRN KUNSTHALLE, MAX HOLLEIN, IST DER SOHN DES ÖSTERREICHISCHEN ARCHITEKTEN HANS HOLLEIN, DER DAS MUSEUM FÜR MODERNE KUNST IN FRANKFURT GEBAUT HAT.

---

114 // Für die ***Berechnung der Flugsteuer*** auf alle Flugtickets von Deutschland aus wird die Entfernung von Frankfurt zum jeweils größten Verkehrsflughafen des Ziellandes ermittelt.

115 // Ein einziger ***Löscheinsatz*** der Frankfurter Feuerwehr bei einem Wohnungsbrand kostet ***durchschnittlich 13.500 Euro***.

116 // ***Joschka Fischer*** übersetzte in seiner Jugend erotische Schmuddelliteratur für den »Olympia Press«-Verlag in Frankfurt.

117 // Die ***verschollene Polizeiakte***, die Joschka Fischers Verstrickungen in die linke Szene dokumentierte, ist 2015 nach 30 Jahren in einem herrenlosen Koffer am Flughafen Frankfurt wieder aufgetaucht.

118 // DIE »HAUSBAR« AUF DER ZEIL 1A WAR FRÜHER EIN TOILETTENHÄUSCHEN.

---

119 // Beginnt man bei ***Google Maps*** mit der kleinstmöglichen Ansicht auf Europa, erscheinen nach zwei Zoomstufen Frankfurt am Main, Berlin, Hamburg und München, erst nach der dritten Zoomstufe kommt die Millionenstadt Köln.

120 // Die ***Ostspitze der Insel Hall***, die zur russischen Inselgruppe Franz-Josef-Land in der Arktis gehört, heißt ***Kap Frankfurt.***

121 // In alle Straßenbahn- und U-Bahn-Garnituren Frankfurts passen insgesamt ***52.463 Menschen.***

122 // In der Indoor-Minigolfanlage ***»Minds on Minigolf«*** in der Zeilgalerie schlägt man den Ball auf von Künstlern gestalteten Bahnen z. B. über einen Pulli oder eine gedeckte Tafel, auf eine Giraffe in einem Flipper oder in ein schwarzes Klo.

123 // Frankfurt und München ***wachsen stärker als Berlin***.

124 // Der 1752 im amerikanischen Maine gegründete Ort ***Frankfort*** wurde 1794 in ***Dresden*** umbenannt.

125 // 83 PROZENT ALLER FRANKFURTER LIEBEN IHRE STADT.

126 // Die Frankfurter Henninger Brauerei war 1951 die erste, die – auf Nachfrage von in Frankfurt stationierten amerikanischen Soldaten – in Deutschland ***Bier in Dosen*** verkaufte.

127 // Der ***»Pinkelbaum«*** des Satirikers F. K. Waechter am Jacobiweiher, der statt bepinkelt zu werden ***die Vorbeigehenden anpinkelt***, hat wegen Vereisungsgefahr in den Wintermonaten ***Pinkelpause.***

128 // ***Auf alten Münzen*** und als Druckortangabe bei alten Büchern taucht Frankfurt manchmal als »Helenopolis« auf.

129 // Einer Legende zufolge soll Frankfurt einmal ***»Helenopolis«*** geheißen haben und von ***Helenos,*** einem Sohn des Priamos, der aus dem legendären Troja geflüchtet war, in mythischer Zeit gegründet worden sein.

130 // In Frankfurt gibt es etwa ***130 nach Frauen benannte Straßen*** und ***1.000 nach Männern*** benannte.

131 // In der ***Gebärdensprache*** wird für das Wort »Frankfurt« mit den Händen ein ***Geldtauschgeschäft*** dargestellt.

132 // Den stärksten ***Flugzeugschlepper der Welt***, »Goldhofer AST1X«, gibt es weltweit nur fünfmal. Zwei davon stehen am Frankfurter Flughafen.

133 // Pro Tag werden auf Frankfurts Straßen durchschnittlich ***1,6 Handtaschen*** geraubt.

134 // Der Frankfurter Gin ***»Gin Sieben«*** besteht neben dem obligatorischen Wacholder aus den ***sieben Kräutern der »Frankfurter Grünen Soße«.***

135 // An der Frankfurter Uni gab es in den 1970er Jahren ein ***»Institut für extraterrestrische Biologie«***, das ***Blutegel mit einer Raumfähre ins All*** schickte und dann untersuchte.

136 // In Frankfurt haben drei Gebäude ***eine eigene Postleitzahl:*** der Opernturm (60306), das Bürogebäude THE SQUAIRE (60549) und der Messeturm (60308).

137 // In Frankfurt stand im Mittelalter die »Doll-Haus« genannte ***Irrenanstalt*** in der ***Meise***ngasse.

138 // Rund 20 Prozent der Besucher der ***Internationalen Automobilausstellung*** IAA reisen mit der Bahn an.

139 // Die Ausstellungsfläche der IAA ist so groß wie ***32 Fußballfelder.***

140 // Die erste urkundliche Erwähnung von Frankfurt-Hedderheim war 801 n. Chr. als ***»Phetterenheim«.***

141 // Die ***Facebook-Seite*** des Frankfurter Oberbürgermeisters Peter Feldmann hat etwas über 4.400 Likes. Die Seite »BurgerMeister Frankfurt« hat über 3.300 Likes.

142 // Jeden Tag wächst ***Frankfurts Bevölkerung*** durch Zuzüge und Geburten um etwa 37 Menschen.

143 // Laut einer User-Auswertung der Internetplattform »TripAdvisor« ist die Pizzeria »Da Cimino« in Frankfurt-Bockenheim die ***fünftbeste Pizzeria*** Deutschlands.

144 // Bei einer deutschlandweiten Umfrage zu ***Sicherheit und Sauberkeit*** landete Frankfurt auf Platz 44 von 50 Städten hinter Essen und Mülheim an der Ruhr.

145 // Der ***erste Bus*** mit Werbung, die auch über die Fenster geklebt war (»Fensterflächenwerbung«), fuhr 1997 in Frankfurt und warb für den Schokoriegel »Butterfinger«.

146 // DER FRANKFURTER FLUGHAFEN BELEGT PLATZ ZWÖLF DER GRÖSSTEN FLUGHÄFEN AUF DER WELT GEMESSEN AN DER PASSAGIERZAHL.

Die müssen Sie
einfach haben!

147 // ***1.725 Frankfurter*** sind am 24. Dezember geboren.

148 // Täglich ziehen innerhalb von Frankfurt ***durchschnittlich 141 Menschen um.***

149 // Frankfurt ist die Stadt mit der höchsten Dichte an ***gehobenen Restaurants in Deutschland***. Auf 100.000 Einwohner kommen 5,3 Spitzenrestaurants.

150 // In Frankfurt gibt es ***kein Drei-Sterne-Restaurant***.

151 // Ein ***Vier-Gänge-Menü im Zwei-Sterne-Restaurant*** »Lafleur« im Palmengarten kostet ab 98 Euro pro Person.

152 // In der Frankfurter ***»Bristol Bar«*** gibt es Whisky mit Lammgeschmack.

153 // Am Rande der Frankfurter Dippemess findet seit 2014 das ***»Frankfurter Würstchen Festival«*** der »Fleischerinnung Frankfurt - Darmstadt - Offenbach« statt.

154 // Im August 2010 veröffentlichte das Hessische Statistische Landesamt eine Bevölkerungsprognose, die Frankfurt für das Jahr 2010 eine ***Einwohnerzahl von 666.920 prognostizierte***. Tatsächlich hatte Frankfurt bereits am 31. Dezember 2009 671.927 Einwohner.

155 // Bis heute konnte nicht festgestellt werden, ***wer das Tor des ersten Oberliga-Heimspiels*** der Eintracht gegen den FC Nürnberg 1945 schoss.

156 // Frankfurts Küche galt neben der Hamburger und der Wiener Küche im 19. Jahrhundert als eine der ***führenden Küchen*** im deutschsprachigen Raum.

157 // DIE FEHLANRUFE ÜBER DIE NOTRUFNUMMER 112 LIEGEN IN FRANKFURT BEI ÜBER 50 PROZENT.

158 // Von der Anfangshaltestelle (Schießhüttenstraße) bis zur Endstation (Zuckschwerdtstraße) braucht Frankfurts längste Straßenbahnlinie ***11*** genau ***1*** Stunde und ***1*** Minute.

159 // Die Organisation »DENIC« verwaltet von der Frankfurter Kaiserstraße aus alle etwa ***16 Millionen deutschen Internetadressen*** mit der Endung ».de«.

160 // Bis 2015 spielte kein »Fußballer des Jahres« für einen Frankfurter Verein, ***»Fußballerin des Jahres«*** waren aber achtmal Birgit Prinz und einmal Célia Šašić vom 1. FFC Frankfurt.

161 // Im Jahr 2011 gab es 820 ***öffentliche Fernsprecher*** in Frankfurt, 2015 waren es 260.

162 // 2016 GAB ES NOCH, Z.B. AUF DER MAINZER LANDSTRASSE, ABGESCHLOSSENE ÖFFENTLICHE TELEFONZELLEN MIT MÜNZFERNSPRECHERN, DIE D-MARK-MÜNZEN ANNAHMEN.

163 // Im Jahr 2014 heirateten in Frankfurt ***60 Paare***, die ***60 Jahre*** und älter waren.

164 // Die »Gref-Völsings Rindswurst GmbH« ist Tierpate eines ***Erdferkels*** im Frankfurter Zoo.

Mainzer Landstraße
186-176
Vorsicht!
Spey
Gesundes 2016!
Auf ein Neues...
Bürger Für Frankfurt!
FES

DIE PARTNERSTÄDTE DER STADT FRANKFURT AM MAIN
LYON
BIRMINGHAM
MAILAND

165 // Der größte Teil der ***Bürostadt Niederrad*** und das Klärwerk Niederrad liegen im benachbarten ***Stadtteil Schwanheim,*** die Galopprennbahn Niederrad liegt in Sachsenhausen-Süd.

166 // AUF FRANKFURTS STRASSEN WERDEN PRO TAG 11 FAHRRÄDER GESTOHLEN.

---

167 // Jeder Besucher des Frankfurter Weihnachtsmarkts lässt ***durchschnittlich 35 Euro*** in Frankfurt.

168 // IN BIRMINGHAM UND LEEDS WERDEN VON DER STADT FRANKFURT FRANKFURTER WEIHNACHTSMÄRKTE NACH DEUTSCHEM VORBILD VERANSTALTET.

---

169 // Der Frankfurter Weihnachtsmarkt in Birmingham ist der ***größte deutsche Weihnachtsmarkt*** außerhalb Deutschlands.

170 // Der ***Frankfurter Weihnachtsmarkt in Birmingham*** hat nur halb so viele Buden wie der Weihnachtsmarkt in Frankfurt, mit 5 Millionen aber fast doppelt so viele Besucher wie sein Frankfurter Vorbild.

171 // Das Internationalen Postzentrum am Frankfurter Flughafen passieren jedes Jahr ***40 Millionen Postkarten***.

172 // 44 Prozent der morgendlichen Verkehrsteilnehmer in Frankfurt sind ***Pendler.***

173 // Der ***erste Investor von Facebook*** mit 500.000 Dollar war der in Frankfurt geborene Peter Thiel.

174 // Die ***elektrische Türklingel*** wurde 1837 vom Beamten Johann Philipp Wagner in Frankfurt erfunden und vorgestellt.

175 // Zum Start der ***»Apple Watch«*** am 24. April 2015 präsentierte die Rödelheimer Apfelweinkelterei Possman vor dem Apple-Store in Frankfurt eine ***»Äppler Watch«.***

176 // Der »Frankfurter Stuhl« der Firma »Stoelcker« war der ***Standardstuhl*** der 1950er und 1960er Jahre.

177 // In Frankfurt gibt es etwa ***80 Shisha-Bars.***

178 // Der ***erste Bordellführer*** für Frankfurt »Briefe über die Galanterien von Frankfurt am Mayn« wurde 1791 vermutlich vom Seuchenarzt Johann Christian Ehrmann, einem Freund Goethes, geschrieben, der auch die wissenschaftliche Arbeit »Schriften über Darmgicht, Maulsperre und den Dampf der Pferde« verfasste.

179 // Frankfurt ist ungefähr ***so hoch wie breit***.

180 // Vom Süden bis zum Norden Frankfurts wandert man bei konstanter Geschwindigkeit (von 5 km/h) ***4 Stunden 41 Minuten.***

181 // Der geografische Mittelpunkt Frankfurts nach der Schwerpunktmethode (der Umriss Frankfurts wird ausgeschnitten und auf einer Nadel ausbalanciert) befindet sich in der ***Robert-Mayer-Straße 55*** in Bockenheim.

182 // EINE NEUE EIGENTUMSWOHNUNG IM ZENTRUM FRANKFURTS KOSTET DURCHSCHNITTLICH 6.000 EURO PRO QUADRATMETER.

183 // Die ***ersten D-Mark-Noten*** wurden 1947 in den USA gedruckt und in der Geheimoperation »Bird Dog« in 23.000 Holzkisten nach Frankfurt ins Reichsbankgebäude an der Taunusanlage gebracht.

184 // ***Helene Fischer*** studierte drei Jahre an der Frankfurter »Stage & Musical School« und stand vor Beginn ihrer Karriere 2005 neben Schlagersänger Tony Marschall im Musical »Anatevka« im Frankfurter Volkstheater auf der Bühne.

185 // AUS DEN TRAUBEN DES EINZIGEN WEINBERGS IN FRANKFURT, DEM LOHRBERGER HANG, WERDEN PRO JAHR RUND 10.000 FLASCHEN RIESLING ERZEUGT.

---

186 // Das 20-stöckige Axis-Wohnhochhaus im Frankfurter Europaviertel hat ***keinen 13. Stock***.

187 // In Frankfurt prüfen 13 Kontrolleure des Ordnungsamtes die ***Hygienezustände*** in 3.000 Gaststätten.

188 // Die Hölzer, die für die Rekonstruktion des Hauses ***»Zur Goldenen Waage«*** in der neuen Frankfurter »Altstadt« verwendet werden, sind 300 bis 500 Jahre alt.

Weingut Stadt Frankfurt
Weinverkauf

189 // Das ***günstigste Standardzimmer*** während der Nebensaison inklusive Frühstück in einem Frankfurter Fünf-Sterne-Hotel kostet durchschnittlich 343 Euro pro Nacht.

190 // Die teuerste Luxussuite in einem Frankfurter Fünf-Sterne-Hotel kostet ***13.500 Euro pro Nacht***.

191 // Eine 2007 in Frankfurt gegründete Burger-Kette heißt ***»Die Kuh die lacht«***. Eine der bekanntesten Produktmarken in Frankreich ist seit 1921 der Schmelzkäse »La vache qui rit«, auf Deutsch: »Die Kuh, die lacht«.

192 // Am Frankfurter Flughafen arbeiten 2.400 Mitarbeiter der ***Bundespolizei.***

193 // Die Polizeidienststelle am Frankfurter Hauptbahnhof bearbeitet etwa ***42 Prozent der Straftaten der Polizeidirektion Koblenz***.

194 // Frankfurt ist laut einer internationalen Studie des US-Beratungsunternehmen Mercer die Stadt mit der ***siebtbesten Lebensqualität der Welt.***

195 // Die bisher ***höchste Ablösesumme***, die Eintracht Frankfurt zahlte, waren 3,8 Millionen Euro für den Spieler Caio.

196 // Die höchste je gezahlte Ablösesumme für einen Eintracht-Frankfurt-Spieler waren ***9 Millionen Euro*** für Kevin Trapp.

197 // ***Futura,*** eine der populärsten Schriftarten des 20. Jahrhunderts, wurde 1925 in Frankfurt kreiert.

198 // Das lebensgroße ausgestopfte Pferd im Lokal ***»Gute Stute«*** im Gallus wurde vom Gastwirt 1985 auf einem Flohmarkt für 5.000 D-Mark erstanden.

199 // DIE ERSTE FRANKFURTER VERKEHRSAMPEL STAND AB 7. APRIL 1930 AN DER KREUZUNG KAISERSTRASSE/NEUE MAINZER STRASSE.

200 // FRANKFURT WURDE 2014 ALS ERSTE DEUTSCHE STADT ZUR »STADT DER BÄUME« GEKÜRT.

---

201 // Die in Frankfurt vertretenen Nationalitäten mit dem ***höchsten Frauenanteil*** sind Thailand, Russland, die Ukraine, Litauen und Äthiopien.

202 // Im Jahr 2015 wurde an 63 Tagen die Marke von ***200.000 Passagieren*** am Frankfurter Flughafen überschritten. Im Jahr 2013 war das an noch keinem einzigen Tag der Fall.

203 // Auf dem ***200-D-Mark-Schein*** der letzten Serie befand sich eine Collage verschiedener historischer Bauwerke Frankfurts.

204 // Auf der letzten D-Mark-Banknotenserie waren außerdem ***die gebürtigen Frankfurterinnen*** Bettina von Arnim (5 DM) und Maria Sibylla Merian (500 DM) sowie die in Frankfurt gestorbene Clara Schumann (100 DM) abgebildet.

205 // Das von der ***Frankfurter Naturforscherin Maria Sibylla Merian*** 1679 bewusst in Deutsch und nicht in Latein herausgegebene Buch »Der Raupen wunderbare Verwandlung und sonderbare Blumennahrung« machte zum ersten Mal einer breiten Bevölkerung die bis dahin unbekannte Metamorphose der Schmetterlinge bekannt.

206 // Im Jahr werden etwa ***1.100 Fahrräder***, die auf Frankfurts Straßen verrosten, von der Stadt entsorgt.

207 // Die bekannten ***Deko-Nussknacker*** aus dem Erzgebirge sind der Hauptfigur aus dem Kinderbuch »König Nussknacker und der arme Reinhold« des Frankfurter »Struwwelpeter«-Autors Heinrich Hoffmann nachempfunden.

208 // IN FRANKFURT GIBT ES ÜBER 7.000 PAPIERKÖRBE AUF ÖFFENTLICHEN STRASSEN UND PLÄTZEN.

209 // Zwei der fünf Mitglieder der ersten ***deutschen TV-Casting-Band*** »No Angels« aus der Sendung »Popstars« waren Frankfurterinnen: Nadja Benaissa und Jessica Wahls.

210 // An der Goethe-Uni in Frankfurt gibt es eine ***Professur für Tierschutz***, die Alternativen zu Tierversuchen entwickelt.

211 // ***60 Prozent*** der Passanten auf der Zeil sind mit Bus oder Bahn gekommen, 25 Prozent mit dem Auto.

212 // Der ***Club »Dorian Gray«***, der von 1978 bis 2000 am Frankfurter Flughafen existierte, war die erste Großraumdiskothek in Deutschland.

213 // DJ Sven Väth hat ***die Kunst des Auflegens*** im Frankfurter Club »Dorian Gray« durch Zuschauen gelernt und legte später dort auch auf.

214 // Deutschlands größte ***Wiedervereinigungstorte,*** die Berliner Bäcker zum 20. Jahrestag des Mauerfalls gebacken haben, war ein Frankfurter Kranz.

215 // Aus den in Deutschland pro Jahr erzeugten 1.350 Gigawattstunden ***Strom aus Klärgas*** in Kläranlagen könnte Frankfurt genau ein Jahr lang mit Strom versorgt werden.

216 // Der Flughafen Frankfurt-Hahn darf sich nach einem Gerichtsurteil so nennen, obwohl er ***125 Kilometer von Frankfurt am Main*** entfernt in Rheinland-Pfalz liegt.

217 // Das ***Londoner Westend*** ist mit 2.469 Euro pro Quadratmeter und Jahr der teuerste Büromarkt der Welt. Als einzige deutsche Stadt unter den Top 50 befindet sich Frankfurt auf Platz 49 mit 588 Euro pro Quadratmeter und Jahr.

218 // 300.000 FAHRGÄSTE FAHREN TÄGLICH IN FRANKFURT MIT DER U-BAHN.

Papier

POLIZEI
1. POLIZEIREVIER

219 // Das Denkmal für die »***Grie Soß***« von Olga Schulz steht in einem ***Kräuterfeld*** an der ***Kochstraße***/Ecke ***Speckgasse*** in Frankfurt-Oberrad.

220 // Die ***grüne Bürgermeisterin Jutta Ebeling*** sagte bei der Einweihung des Grüne-Soße-Denkmals 2007, dass sie ihre »Grie Soß« mit Mayonnaise anrührt, was ihr Buhrufe des Publikums einbrachte.

221 // Am ***Gründonnerstag*** wird in Frankfurt mehr Grüne Soße gekauft als im gesamten restlichen Jahr.

222 // IN FRANKFURT GIBT ES 56 EHRENAMTLICHE POLIZEIHELFER.

223 // Der Design-Shop »Colekt« in der Brückenstraße in Frankfurt-Sachsenhausen hat seinen Namensschriftzug »***Colek***t« aus den alten Buchstaben der vorher darin befindlichen »***C***ar***ol***us-Apo***t***he***k***e« zusammengesetzt.

224 // 1995 brachte die Brauerei Henninger mit dem »Henninger Radler« das erste ***Biermischgetränk*** Deutschlands auf den Markt.

225 // Das Henninger Biermischgetränk war das erste in Deutschland vertriebene Produkt, das ***zwei Markennamen*** auf einer Verpackung trug: »Henninger Radler« stand auf der einen und »Henninger Alsterwasser« auf der anderen Seite.

226 // Das 1956 errichtete ***Parkhaus Hauptwache*** ist das erste öffentliche Parkhaus Deutschlands.

227 // Im ***kriminaltechnischen Dienst*** Frankfurt werden pro Tag 20 auffällige Pässe vom Frankfurter Flughafen untersucht. Durchschnittlich 5,4 davon sind falsch.

228 // DIE ERSTEN ÖFFENTLICHEN UHREN DEUTSCHLANDS MIT GEEICHTER ZEIT WURDEN 1882 IN FRANKFURT AUFGESTELLT.

230 // Als erster Oberbürgermeister Frankfurts hielt Peter Feldmann eine ***Bürgersprechstunde*** in der fahrenden Straßenbahnlinie 11 ab.

231 // Auf dem Frankfurter Friedhof befindet sich eine ***»Grabstätte für Körperspender«***, die zu Lebzeiten ihren Körper dem Anatomischen Institut der Goethe-Uni vermacht haben.

232 // In Frankfurt fand die erste bemannte Luftfahrt Deutschlands statt. Am 3. Oktober 1785 stieg der Franzose Jean-Pierre Blanchard mit einem ***Heißluftballon*** von der Bornheimer Heide auf und flog nach Weilburg an der Lahn.

233 // Bei dieser ersten ***Luftreise Deutschlands*** kam zum ersten Mal überhaupt ein Fallschirm in einem Flugobjekt zum Einsatz, an dem Blanchard seinen Hund auf die Erde gleiten ließ.

234 // Jeder Frankfurter verfügt jährlich durchschnittlich über 25.000 Euro für den ***privaten Konsum***. Das ist Platz drei in Deutschland nach München und Düsseldorf.

235 // ***20 Prozent des Stroms*** in Frankfurt werden von Rechenzentren verbraucht.

236 // Frankfurt ist die erste Stadt Deutschlands, die Stromsparen mit einer ***Geldprämie*** belohnte.

237 // DIE ÄLTESTE EISDIELE FRANKFURTS IST DAS 1953 ERÖFFNETE »EISCAFÉ MILANO« DER FAMILIE DE PELLEGRIN IN SACHSENHAUSEN, DAS HEUTE NOCH IN DRITTER GENERATION VON DER FAMILIE GEFÜHRT WIRD.

---

238 // In Frankfurt sind über 230.000 Internetadressen mit der ***Endung ».de«*** angemeldet. Das sind die fünftmeisten in Deutschland.

239 // Im Gegensatz zu ».berlin« und ».hamburg« gab es bis 2015 noch keine ***Internetendung ».frankfurt«.***

240 // 49 von 400 zur Hundertjahrfeier der Frankfurter Uni 2014 auf dem Campus aufgestellten bunten ***Goethe-Figuren*** wurden von Unbekannten ***gestohlen***.

241 // Der laut einer Umfrage von »TV Digital« bekannteste und kompetenteste männliche Nachrichtenmoderator im deutschen Fernsehen ist der geborene Frankfurter ***Peter Kloeppel***.

242 // Obwohl in Frankfurt unter ein Prozent der Gesamtbevölkerung Deutschlands wohnen, macht es zehn Prozent des ***gesamten deutschen Immobilienumsatzes***.

243 // Die Stadt Frankfurt kassiert pro Jahr etwa 15 Millionen Euro an Bußgeldern durch ***Knöllchen.***

244 // Frankfurt ist laut dem Nachhaltigkeitsreport »Sustainable Cities Index« die ***nachhaltigste Stadt der Welt***.

245 // Der ***Frankfurter Flughafen*** ist ein »Silent Airport«.

246 // Der Frankfurter Flughafen wurde zum »Silent Airport«, indem die Lautsprecherdurchsagen von rund 1.000 pro Tag auf 600 reduziert wurden. Zu Spitzenzeiten gab es davor ***alle 10 Sekunden eine Ansage***.

247 // Das Marriott Hotel Frankfurt im »Westend Gate« ist mit 159 Metern das ***höchste Hotel Deutschlands***.

248 // Das 4:3-Spiel Eintracht Frankfurt gegen den 1. FC Kaiserslautern am 2. März 1991 war das erste Bundesligaspiel, das vom ***Bezahlsender*** »Sky Deutschland« (damals »Premiere«) ausgestrahlt wurde.

249 // Die meisten Einsätze in der Fußballbundesliga-Geschichte hatte mit 602 Spielen ***Karl-Heinz »Charly« Körbel***, der während seiner Profikarriere ausschließlich für Eintracht Frankfurt antrat.

250 // Die teuerste Wohnung Frankfurts war 2015 eine Wohnung im ***Luxushochhaus Onyx*** im Westend für 16.000 Euro pro Quadratmeter.

251 // Das in vier Steine eingemeißelte »OK« vor der Alten Nikolaikirche auf dem Römerberg steht für ***»Ochsen-Küche«***, in der nach einer Kaiserkrönung im Dom ein Ochse für zwei Tage am Spieß gebraten wurde.

252 // Von ***4,8 Millionen Gästen***, die 2014 nach Frankfurt kamen, waren 2,7 Millionen aus Deutschland.

253 // Die städtischen Szenen des Romans »Heidi« der Schweizer Schriftstellerin ***Johanna Spyri*** spielen in Frankfurt am Main, wo Heidi der gelähmten Klara Gesellschaft leisten soll.

254 // Frankfurt hatte 1925 als erste deutsche Stadt ein einheitliches ***grafisches Corporate-Design*** der Stadtverwaltung.

255 // Sieben der zehn ***größten Unternehmen*** Hessens haben ihren Sitz in Frankfurt.

256 // AM ROSSMARKT GIBT ES ZWEI »ROSSMANN«-FILIALEN UND IN DER KAISERSTRASSE EINE FILIALE DER »KAISER BIOBÄCKEREI«.

---

257 // Am »Hollywood Walk of Fame« hat ein gebürtiger Frankfurter einen Stern - der Filmkomponist ***Hans Zimmer*** (»Fluch der Karibik«).

258 // 2004 wurde in Frankfurt ein ***»Walk of Fame der Finanzwelt«*** vorgeschlagen, auf dem sich Persönlichkeiten der Weltfinanz vom US-Notenbankdirektor bis zum EZB-Präsidenten verewigen sollten.

259 // Das Sheraton Frankfurt Airport Hotel ist das ***größte Flughafenhotel Europas***.

260 // DIE HUNDESTEUER BETRÄGT IN FRANKFURT 90 EURO PRO HUND, FÜR GEFÄHRLICHE HUNDE WIE PITBULL, BULLTERRIER ODER ROTTWEILER 900 EURO PRO HUND.

---

261 // Der ***erste Lehrstuhl zur Erforschung des Holocausts*** in Deutschlands wird in der Frankfurter Goethe-Uni eingerichtet. Der Hauptsitz der Uni war Sitz des I. G.-Farben-Konzerns, dessen Tochterfirma »Degesch« das Zyklon-B für das KZ Auschwitz-Birkenau lieferte.

262 // In der ***Gutleutstraße*** 13 stand 1942 ein Gefängnis der ***Gestapo***.

263 // Heute ist in dem ehemaligen Gestapogefängnis in der Gutleutstraße das ***Restaurant »Im Herzen Afrikas«*** untergebracht, das auch eine Zweigstelle in Mainz in der Gaustraße 38 hat.

264 // Der ***Frankfurter Firmenlauf*** ist mit über 70.000 Teilnehmern der größte Firmenlauf der Welt und der größte allgemeine Lauf in Europa.

Werftstraße
Rottweiler Straße
2–32

Hunde
an kurzer Leine führen

265 // Das ***Bewässern aller Bäume*** Frankfurts verursachte im Hitzerekordsommer 2015 Mehrkosten von 270.000 Euro.

266 // Insgesamt stehen in Frankfurt 77.138 ***bewohnte Gebäude***.

267 // Durchschnittlich hat jeder Frankfurter ***37,7 Quadratmeter*** Wohnfläche zur Verfügung.

268 // Der ***Frankfurter Flughafen*** ist der Flughafen mit den meisten umsteigenden Passagieren in Europa.

269 // Die Stadt Frankfurt testete 2011 in einem öffentlichen WC an der Hauptwache ***Frauen-Urinale***. Sie wurden nur von 7,5 Prozent der Frauen benutzt.

270 // ***Ruth Moufang*** (1905–1977) war die erste Frau, die an der Uni Frankfurt Mathematik studierte, und die erste promovierte Deutsche, die als Naturwissenschaftlerin in der Industrie eine Anstellung erhielt.

271 // Auf den Wappen Bornheims und Seckbachs ist eine ***Wolfsangel*** abgebildet, mit der man früher Wölfe fing. Heute steht die Wolfsangel in Deutschland auf der Liste verbotener rechtsextremer Zeichen, als Wappensymbol ist sie aber zugelassen.

272 // Obwohl die Hauptfigur der ***»Rocky Horror Show«*** Frank N. Furter heißt, hat sie auf dem rechten Oberschenkel die Zahl eintätowiert, die mit Köln assoziiert ist: 4711.

273 // ***Dr. Frank N. Furter*** aus der »Rocky Horror Show« hat nur entfernt mit Frankfurt zu tun. Sein Name ist eine Anspielung auf Frankenstein.

274 // MIT ÜBER 20.000 FAHRZEUGEN UND GERÄTEN, DIE GEWARTET WERDEN MÜSSEN, IST DER FLUGHAFEN FRANKFURT DIE WELTWEIT GRÖSSTE KFZ-WERKSTATT FÜR FLUGZEUGABFERTIGUNGSGERÄTE.

275 // Der ***Wiederbeschaffungswert*** aller 20.000 Fahrzeuge und Geräte am Flughafen Frankfurt beträgt 400 Millionen Euro.

276 // Im Jahr besuchen etwa 440.000 Menschen in Frankfurt ein ***Theater***, während 1,6 Millionen ins Kino gehen.

277 // IN GANZ FRANKFURT HÄNGEN ETWA 900 ÜBERWACHUNGSKAMERAS.

278 // Die alte englische Schreibweise von Frankfurt stimmt mit der Aussprache der Stadt im Frankfurter Dialekt überein: ***Frankfort***.

279 // Die Frankfurter Löwen waren bei ihrer Gründung 1977 der ***erste deutsche Football-Verein***. Zuvor wurde Football in Deutschland nur von hier stationierten US-Soldaten gespielt.

280 // DIE FARBE, MIT DER DIE MEISTEN ÖFFENTLICHEN VERKEHRSMITTEL IN FRANKFURT LACKIERT SIND, HEISST SUBARU-VISTA-BLUE UND WURDE URSPRÜNGLICH FÜR DIE JAPANISCHE AUTOMARKE »SUBARU« ENTWICKELT, WESHALB FÜR SIE LIZENZGEBÜHR GEZAHLT WERDEN MUSS.

281 // Das Subaru-Vista-Blue der Frankfurter öffentlichen Verkehrsmittel hat den ***RAL-Designfarbton 190 50 45***.

282 // Für andere Verkehrsunternehmen, die in ***Frankfurt Busse*** betreiben, sind neben der Sonderfarbe Subaru-Vista-Blue auch die Farben Türkisblau (RAL 5018) und Wasserblau (RAL 5021) erlaubt.

283 // Am Alten Flugplatz Bonames steht ein ***Museum*** nicht über, sondern ***für Bienen***.

284 // Die im Senckenberg Museum begründete ***»Frankfurter Evolutionstheorie«*** besagt im Gegensatz zu Darwin, dass sich Lebewesen nicht an die Umwelt anpassen, sondern dass sie sich ihre Umwelt formen.

285 // IN DER VORHALLE DES NORDTRAKTS IM FRANKFURTER HAUPTBAHNHOF BEFINDEN SICH DIE RELIEFS FEDERFUCHSER, ARCHITEKT UND DR. KLUGSCHYSSER.

286 // ***Kater Findus*** in dem Film »Pettersson und Findus 2 – Das schönste Weihnachten überhaupt« von 2015 wurde von einer Animationsfirma im Frankfurter Ostend zum Leben erweckt.

287 // Der Begriff Mainhattan ist ein sogenanntes ***Kofferwort***.

LICCI

288 // Der Begriff ***Mainhattan*** entstand zusammen mit Bankfurt und Krankfurt ursprünglich als negativ besetztes Wort gegen rücksichtslosen Kapitalismus.

289 // IN FRANKFURT GIBT ES INSGESAMT DREI STATUEN LIEGENDER FRAUEN, DIE ALLE DREI DEN NAMEN »LIEGENDE« HABEN: IN DER FRESSGASS, IN DER TAUNUSANLAGE UND IN DER BETTINASCHULE.

---

290 // Die Frankfurter Entsorgungsbetriebe reinigen pro Woche ***31 Millionen Quadratmeter Fläche***.

291 // Die ehemalige ***Mayfarthsche Fabrik in der Klassikstadt*** im Frankfurter Osten war in den 1950er Jahren eine Zweigstelle der Bundesdruckerei und druckte die 50-D-Mark-Scheine für Deutschland.

292 // Der Industriepark Höchst hat ***eine eigene Postleitzahl*** 65926. Ursprünglich ist sie 1993 für die Hoechst AG vergeben worden.

293 // Der chinesische ***»Garten des Himmlischen Friedens«*** im Bethmannpark wurde nach dem Massaker am Pekinger Tian'anmen-Platz umbenannt. Auf dem Haupttor ist immer noch der alte Name in chinesischen Zeichen eingraviert: »Frühlingsblumengarten«.

294 // Die Inhaberin des veganen, mitten in einer Gärtnerei gelegenen Cafés »Coo Coo« ist Hessens ***einzige diplomierte Kaffee-Sommelière***.

295 // Eines der ersten professionellen Kochlehrbücher, das ***»Newe Kochbuch«***, wurde 1581 in Frankfurt gedruckt.

296 // Im ***»Newe Kochbuch«*** von Max Rumpoldt wurden noch Igel, Bären, Schwäne und Eichhörnchen gekocht. Es wurde aber auch zum ersten Mal in einem Kochbuch die Kartoffel erwähnt.

297 // Die Frankfurter Traditionsbrauerei Binding, die seit 2002 unter dem Namen »Radeberger-Gruppe« firmiert, ist mit einem jährlichen Ausstoß von ***13 Millionen Hektolitern Bier*** der größte Brauereikonzern Deutschlands.

298 // Der Demokratische Kulturbund schlug zusammen mit Frankfurter Persönlichkeiten 1979 vor, den ***Römer*** von dem bekannten Künstler Christo, der 1995 den Berliner Reichstag verhüllte, ***verpacken zu lassen***.

299 // DER NAME »FRANKFURTER« NICHT GESCHÜTZT: »FRANKFURTER« KÖNNEN IM GEGENSATZ ZU »FRANKFURTER WÜRSTCHEN«, DIE NUR IN FRANKFURT HERGESTELLT WERDEN DÜRFEN, ÜBERALL ERZEUGT WERDEN.

SICASAL
Salsichas
tipo frankfurt

300 // ZWANZIG TIERE DES FRANKFURTER ZOOS ÜBERLEBTEN DIE BOMBARDIERUNGEN DES ZWEITEN WELTKRIEGS.

---

301 // Der Flughafen Frankfurt ist der einzige Deutschlands mit ***vier Start- und Landebahnen***.

302 // Das ***Mosaik »Frankfurter Treppe«*** im Main Tower, das Frankfurter Persönlichkeiten darstellt, besteht aus etwa 2,7 Millionen Mosaiksteinen in 20 verschiedenen »shades of grey« (Grautönen).

303 // In Frankfurt gibt es ***16.000 Schrebergärten***.

304 // Von allen in Deutschland überregional tätigen ***Kreditinstituten*** (ohne Sparkassen und Kreditgenossenschaften) haben 40 Prozent ihren Sitz in Frankfurt.

305 // Der Airbus A330-300, der die Eintracht-Spieler 2015 ins Trainingslager nach Abu Dhabi brachte, wurde speziell für diesen Anlass mit dem Eintracht-Logo und dem Schriftzug ***»Wir fliegen auf Frankfurt«*** lackiert.

306 // Die Initiative »Glück ist Jetzt« hat den Baumweg 20 im Nordend mit einem selbstgebastelten Straßenschild zum ***»Happy Germany Platz«*** ernannt.

ZOO

307 // Das gesamte ***Frankfurter U-Bahn-Netz*** wurde auf die Mobilfunktechnologie LTE umgerüstet. Einzige Ausnahme ist die Station Nordwestzentrum, da sie nicht mit dem Glasfasernetz verbunden ist.

308 // Am Frankfurter Flughafen gibt es insgesamt ***1.749 Uhren***.

309 // Frankfurt ist in Hessen am besten mit ***Lehrern*** ausgestattet. Die Versorgungsrate liegt in Frankfurt bei 107,2 Prozent.

310 // Die ***Wetterfahne am Eschenheimer Turm*** mit ihren seit dem 16. Jahrhundert bekannten neun Löchern hatte von 1885 bis 1976 sechs Löcher.

311 // DIE VOLLRENOVIERUNG DES ESCHENHEIMER TURMS 1992 WURDE VON RUTH SCHWARZ INITIIERT, DIE BIS ZU IHREM SECHSTEN LEBENSJAHR IN DEM TURM WOHNTE.

---

312 // Der von 1853 bis 1856 erbaute Flatow-Turm im Park Babelsberg bei Potsdam wurde dem ***Eschenheimer Turm*** nachgebaut.

313 // ***Frankfurter Bürger mit ausländischem Pass*** sind großteils zwischen 25 und 59 Jahren alt und zu 51 Prozent männlich.

314 // Im Jahr 2014 sind ***5.637 Menschen*** in Frankfurt gestorben. Begraben wurden auf Frankfurts Friedhöfen im selben Jahr aber nur 4.700.

315 // ***Frankfurts Friedhöfe*** machen im Jahr ein Defizit von rund 1,3 Millionen Euro.

316 // Die Synchronstimme von Lee Majors (»Ein Colt für alle Fälle»), Blake Carrington (»Denver Clan«) und John Noble (»Fringe – Grenzfälle des FBI«) war der 2009 verstorbene ***Frankfurter Schauspieler Hans-Werner Bussinger***.

317 // Seit 2014 gibt es in Frankfurt eine ***»Quidditch«-Mannschaft***.

318 // Frankfurts U-Bahnen, Straßenbahnen und Busse legen mit ***121.200 Kilometer pro Tag*** eine Strecke zurück, die dreimal einer Erdumrundung entspricht.

319 // Vor der Frankfurter Messe steht ein Brunnen mit einer Büste Merkurs. Merkur ist der ***Gott der Händler und der Diebe***.

320 // 2014 waren in der ***Animal-Lounge*** der Lufthansa am Frankfurter Flughafen 80 Millionen Zierfische, 15.000 Haustiere und 2.100 Pferde zu Gast.

321 // Im Eintracht-Fanshop kann man einen ***Eintracht-Toaster*** kaufen, der den Adler des Eintracht-Logos auf das Toastbrot brennt.

322 // FRANKFURT HAT WÄHREND DES CHRISTOPER STREET DAYS 2015 NACH EINER IDEE AUS WIEN AMPELPÄRCHEN STATT AMPELMÄNNCHEN AUF 20 FUSSGÄNGERAMPELN ANGEBRACHT.

---

323 // Das 20.000 Quadratmeter große Feuerwehr-Rettungs- und Trainingscenter Frankfurt FRTC ist das modernste Trainingscenter für ***Feuerwehren*** der Welt.

324 // Im FRTC sind eine ***komplette U-Bahn-Station*** mit neuester U-Bahn-Garnitur und eine DB-Bahnstation nachgebaut.

325 // Im Gebäude Ecke Liebfrauenstraße/Holzgraben, dem die Frankfurter den Spitznamen ***»Kaufhaus Malakoff«*** gaben, ist heute eine Burger-King-Filiale. Malakoff heißt in der Schweiz ein Käsegericht.

326 // Bis zum Jahr 2020 sollen 674 Tonnen deutscher ***Goldreserven,*** die bislang in New York und Paris liegen, nach Frankfurt gebracht und dort aufbewahrt werden.

327 // Noch bis ins Jahr 2001 waren am Max-Planck-Institut für Hirnforschung in Frankfurt ***medizinische Präparate*** von 35 ***Euthanasieopfern*** eingelagert.

328 // DER KÜNSTLER OTTMAR HÖRL, DER DIE EURO-SKULPTUR VOR DEM EURO-TOWER GEBAUT HAT, NAHM 2008 IN EINER FRANKFURTER GALERIE TEIL AN DER AUSSTELLUNG »NO PEANUTS – KÜNSTLER ZUR FINANZKRISE«.

---

329 // Vom selben Künstler ist die acht Meter hohe rennende ***Figur »Mr. Quick«***, die parallel zum Euro-Zeichen am Ende der Gutleutstraße steht.

330 // DER »FRANKFURTER HOF« ERHIELT ALS ERSTES HOTEL DEUTSCHLANDS 1891 ELEKTRISCHES LICHT UND 2002 W-LAN.

---

331 // Bei einer deutschlandweiten ***Städte-Sympathieumfrage*** erhielt Frankfurt eine 5,9 auf einem Sympathie-Index von 1 bis 10.

332 // Anfang des 20. Jahrhunderts lag die durchschnittliche ***Jahrestemperatur*** in Frankfurt zwischen sieben und acht Grad. Seit dem Jahr 2000 liegt sie bei etwa zehn bis elf Grad und knackte 2014 erstmals die 12-Grad-Grenze.

333 // Die erste Unterschrift im ***Goldenen Buch der Stadt*** Frankfurt ist die von Kaiser Wilhelm II. aus dem Jahr 1903. Das Blatt mit seiner Unterschrift wurde später eingefügt, da das Buch erst vier Jahre nach seinem Besuch in Frankfurt fertig war.

334 // DIE UNTERSCHRIFTEN ADOLF HITLERS, HERMANN GÖRINGS UND HEINRICH HIMMLERS SOLLTEN URSPRÜNGLICH WIEDER AUS DEM GOLDENEN BUCH ENTFERNT WERDEN. SIE BLIEBEN ABER UND NACH IHNEN WURDEN 13 SEITEN WEISS GELASSEN, EINE FÜR JEDES JAHR DER NAZIHERRSCHAFT.

STEIGENBERGER FRANKFURTER HO

ICH BIN
ADOLF
HITLER

335 // Rudolf Christian Böttger erfand als Professor des Physikalischen Vereins in Frankfurt 1848 die ***Sicherheitszündhölzer*** und 1846 die ***Schießbaumwolle*** (Nitrozellulose), das Ausgangsmaterial für Zelluloid, aus dem früher Filmmaterial und bis heute Tischtennisbälle hergestellt wird.

336 // In Frankfurt gibt es ***genauso viele Tischtennisvereine wie Kinosäle***.

337 // Die Gepäckförderanlage am Frankfurter Flughafen kann ***pro Stunde 20.5000 Gepäckstücke*** transportieren.

338 // Am 7. August 2015 zeigte das Thermometer mit ***39,6 Grad*** im Frankfurter Westend die bislang höchste in Hessen gemessene Temperatur.

339 // Am Berger Hang wächst ***Oregano***.

340 // ***»Manisch«***, eine hauptsächlich in Gießen verwendete regionale Variante der Gaunersprache, aus der zum Beispiel das Wort »chabo« stammt, wird teilweise noch in Frankfurt in der Wohngemeinschaft Bonameser Straße gesprochen.

341 // Im Sommerhoffpark in der Gutleutstraße stand früher eine ***»Villa Gogel«***.

342 // ***Chinesische Touristen*** geben in Frankfurt mehr als in allen anderen deutschen Städten aus. Pro Duty-Free-Einkauf zahlen sie in Frankfurt durchschnittlich 870 Euro.

343 // Als 1993 zur Umbenennung des Theaterplatzes in ***Willy-Brandt-Platz*** vom damaligen Oberbürgermeister das Straßenschild enthüllt wurde, stand ***»Willi-Brandt-Platz«*** darauf.

344 // Die letzte ***öffentliche Hinrichtung in Frankfurt*** fand auf dem Roßmarkt am 7. Juli 1799 statt, als ein Töpfermeister wegen des Mordes an seiner Frau enthauptet wurde.

345 // AUF DEM PARADEPLATZ VOR DER HAUPTWACHE WURDE AM 14. JANUAR 1772 DIE KINDSMÖRDERIN SUSANNA MARGARETHA BRANDT HINGERICHTET, DIE DAS VORBILD FÜR GOETHES GRETCHEN IM »FAUST« WAR.

346 // ***28 Prozent*** des Passagiers- und 48 Prozent des Frachtaufkommens im deutschen Luftverkehr werden über den Frankfurter Flughafen abgewickelt.

347 // Auf dem ***Dach des Museums für Moderne Kunst*** in der Domstraße leben beinahe so viele Bienen wie Frankfurt Einwohner hat: etwa 650.000.

348 // Das ***höchste Gehalt*** eines Eintracht-Frankfurt-Spielers liegt bei etwa 1,4 Millionen Euro.

349 // Der ***»muskulöseste Beethoven der Welt«*** befindet sich in Frankfurt: In der Taunusanlage steht die allegorische, »dem Genius Beethovens« gewidmete Figurengruppe von Georg Kolbe.

350 // Die ***meisten ausländischen Touristen***, die nach Frankfurt kommen, stammen aus den USA, gefolgt von den Niederlanden und Großbritannien.

351 // Das ***Rautenmuster auf den Apfelweingläsern*** (»Gerippte«) entstand dadurch, dass man früher mit den Händen aß und ein geripptes Glas einen besseren Griff hat.

352 // DER FRANKFURTER WESTHAFEN TOWER WIRD AUFGRUND SEINER AUSSENFASSADE SCHERZHAFT ALS »GERIPPTER« BEZEICHNET, OBWOHL DIE FASSADE AUS DREIECKEN UND NICHT AUS RAUTEN BESTEHT.

Gutleutst
aße
100-92

APOTHEKE
Gutleutstrasse

353 // Die ***ersten japanischen Yen-Geldscheine*** wurden 1871 von der Druckerei Dondorf & Naumann in Frankfurt gedruckt.

354 // Für ein ***gestohlenes Auto*** zahlt die Versicherung in Frankfurt durchschnittlich 24.000 Euro, das ist der Spitzenwert in Hessen.

355 // Für eine ***Brillenblattnasen-Fledermaus*** kann man für ***25 Euro*** jährlich im Frankfurter Zoo eine Tierpatenschaft übernehmen. Für einen ***Brillenbär*** zahlt man ***2.500 Euro*** im Jahr.

356 // AN DER GUTLEUTSTRASSE/ECKE STUTTGARTER STRASSE SIND ZWEI STRASSENSCHILDER HINTEREINANDER ANGEBRACHT. AUF DEM AN EINEM MAST STEHT KORREKT »GUTLEUTSTRASSE«, AUF DEM AN DEM HAUS DIREKT DAHINTER STEHT »GUTLEUTSTRASSE«.

357 // Ein ***Geschäft auf der Zeil*** zahlt im Monat durchschnittlich den Spitzenpreis von 320 Euro Miete pro Quadratmeter. Ein paar Straßen weiter am Roßmarkt sind es nur 140 Euro pro Quadratmeter.

358 // Bei etwa jedem dritten Verkehrsunfall in Frankfurt begeht der Verursacher ***Unfallflucht***.

359 // Der Sprayer, der 2012 in Frankfurt-Sachsenhausen auf die Rolltreppe der S-Bahn-Station »Lokalbahnhof« Donuts gemalt hatte, die am Ende in ***Homer Simpsons Mund*** verschwinden, wurde von der Deutschen Bahn wegen Vandalismus und Sachbeschädigung angezeigt.

360 // Die durchschnittliche ***Verweildauer*** in einem Frankfurter Krankenhaus beträgt 6,9 Tage.

361 // Der damals 17-jährige Eintracht-Spieler Cheriffe Touré-Mamam wurde von Lizenzspielerbetreuer Rainer Falkenhain 1995 im ***Kofferraum seines Autos*** vom Trainingslager in Österreich zurück nach Deutschland geschmuggelt, weil Mamam keine Aufenthaltserlaubnis für Östereich hatte.

362 // Frankfurt wird in einer ***Werbe-Allianz*** von zehn deutschen Städten (von München bis Berlin) in Ländern wie China, Brasilien und den USA als »Magic City« vermarktet.

363 // AM RÖMER IST DIE FIGUR EINES LAUSCHENDEN JOURNALISTEN ZU SEHEN. SIE BEZIEHT SICH AUF DEN REPORTER DES LOKALEN WOCHENBLATTES »SONNE«, FRIEDRICH-AUGUST MÜLLER-RENTZ, DER BEI EINER GEHEIMEN SITZUNG IM RÖMER VERSTECKT IN EINEM KACHELOFEN LAUSCHTE.

364 // Die ***»Frankfurter Pfanne«*** ist ein Dachziegel der Firma »Braas«, der nicht aus Ton, sondern aus Beton hergestellt wird.

365 // Deutsche Studierende sehen die ***besten Chancen für ihren Berufseinstieg*** in München und in Frankfurt.

366 // In Frankfurt gelangt man auf dem ***Holzweg*** zum Tierfriedhof.

367 // Auf Frankfurts Straßen fahren ***1.700 Taxis***, die von 5.000 bis 6.000 Fahrern im Wechsel gefahren werden.

368 // In Frankfurt darf ein ***Straßenmusikant*** nicht länger als eine Stunde an einem Ort musizieren. Nach dem Standortwechsel darf an der gleichen Stelle eine Stunde lang kein anderer Straßenmusikant auftreten.

369 // IN FRANKFURT, DER STADT DER BANKEN, GIBT ES AN EINIGEN STELLEN, ZUM BEISPIEL AN DER KENNEDYALLEE ODER IN BERGEN AM BÄCHELCHEN, DAS KULTURDENKMAL EINER »RUHEBANK«. AUF IHR KONNTEN LASTENTRÄGER IN FRÜHEREN ZEITEN IHRE LASTEN ABSTELLEN.

---

370 // Das ***Amt des Eintracht-Präsidenten*** ist traditionell ehrenamtlich. Präsident Peter Fischer erhält aber monatlich 2.000 Euro Aufwandsentschädigung, 2.000 Euro als Geschäftsführer der »Eintracht ProSports GmbH« und 750 Euro für Spesen, also insgesamt 57.000 Euro im Jahr.

371 // 2011 lebten im Frankfurter Zoo die Kea-Papageien-Brüder ***Hobbit, Ikea und Blacky Fuchsberger***.

372 // Die New York Times platzierte Frankfurt als einzige deutsche Stadt auf Platz zwölf ihrer Liste ***»52 Orte, die man 2014 besuchen muss«***.

373 // Die Stadt Frankfurt lässt in ihren Parks pro Jahr etwa 500 bis ***800 Kaninchen*** durch Bussarde und Frettchen fangen.

374 // Der Verfasser des »Struwwelpeter«, Heinrich Hoffmann, las seine Geschichten in einem Frankfurter Lesezirkel vor, der ***»Tutti Frutti«*** hieß.

375 // Heinrich Hoffmann schrieb manchmal unter den Pseudonymen ***Reimerich Kinderlieb*** und ***Heulalius von Heulenburg***.

376 // Während des Zweiten Weltkriegs erschien in Großbritannien eine Parodie auf den »Struwwelpeter« namens ***»Struwwelhitler«***.

377 // In das nach der Einwohnerzahl fünfmal größere Berlin ***ziehen pro Jahr nur doppelt so viele Menschen*** (30.000) wie nach Frankfurt (15.000).

378 // Ein ***Youtube-Video*** von 2014, das Star-Wars-Raumschiffe auf dem Frankfurter Flughafen zeigt, wurde über 9,8 Millionen Mal angeklickt.

379 // VIELE FRANKFURTER KIRCHEN WIE DIE KATHARINENKIRCHE AN DER HAUPTWACHE ODER DER KAISERDOM ST. BARTHOLOMÄUS HABEN AUF IHREM ZIFFERNBLATT DIE 4 ALS RÖMISCHE ZAHL IV STEHEN, OBWOHL SIE IN DER UHRMACHERKUNST MIT VIER STRICHEN (IIII) DARGESTELLT WIRD (WIE AN DER MARIA-HIMMELFAHRT-KIRCHE IN GRIESHEIM ODER AM RENTENTURM).

380 // Die ***Einöde Ježkov*** in der tschechischen Gemeinde Dlouhé heißt auf Deutsch Frankfurt.

381 // 60.300 Frankfurter ***pendeln*** täglich von Frankfurt innerhalb Hessens und 20.100 in ein anderes Bundesland.

382 // Gorilla Matze aus dem Frankfurter Zoo war bei seinem Tod 2008 mit geschätzten 51 Jahren ***der älteste Gorilla*** Europas und der älteste züchtende Gorilla der Welt. Er zeugte bis 2007 mit seinen vier Frauen 18 Nachkommen.

383 // Die 13 Jahre alte Schülerin Antonia Hein aus Fulda war am 22. Dezember die ***60-millionste Passagierin*** am Frankfurter Flughafen im Jahr 2015, in dem zum ersten Mal die 60-Millionen-Marke in einem Jahr geknackt wurde.

384 // DIE STATUE »LÄUFERIN AM START« AM HAUPTEINGANG DER COMMERZBANK-ARENA WURDE VOM BILDHAUER MARTIN RICHARD WERNER GESCHAFFEN. ER ENTWARF DIE BEKANNTE FIGUR DER EICHENPFLANZERIN, DIE 53 JAHRE LANG DIE RÜCKSEITE DER 50-PFENNIG-MÜNZE ZIERTE.

385 // AUF FRANKFURT REGNET ES
PRO JAHR DURCHSCHNITTLICH EINE
NIEDERSCHLAGSMENGE VON 626
MILLIMETERN.

386 // Die mit 46 Metern ***längste Kaufhausrolltreppe*** Deutschlands befindet sich im Einkaufszentrum »MyZeil«.

387 // 2004 war die jährliche Niederschlagsmenge in Frankfurt genau ***555,5 mm***.

388 // Der Ebbelwei im Keller der Frankfurter ***Kelterei Possmann*** lagert in den Druckkammertanks alter U-Boote.

389 // Kevin Schuhmacher, der bei der Kelterei Possmann die Betriebsführungen macht, ist einer der vier ersten deutschen ***Apfelwein-Sommeliers***.

390 // Im neuen Gebäude der Europäischen Zentralbank hängen 320 ***zeitgenössische Werke*** von Künstlern der EU-Mitgliedstaaten, die hauptsächlich den Augen der EZB-Mitarbeiter vorbehalten sind.

391 // Im Ersten Weltkrieg fuhr das Kriegsschiff der Kaiserlichen Marine »SMS Frankfurt« als ***Kriegsbeute*** kurze Zeit unter US-Flagge mit dem Namen »USS Frankfurt«.

392 // 101 illegal abgestellte ***Schrottfahrzeuge,*** deren Besitzer sich nicht meldeten, wurden im Jahr 2015 vom Straßenverkehrsamt Frankfurt verschrottet.

393 // Am ***AIDS-Memorial am Peterskirchhof*** wird jährlich am Welt-AIDS-Tag für jeden Frankfurter AIDS-Toten des vergangenen Jahres ein individueller Nagel in die Mauer geschlagen.

394 // Von Januar bis September 2015 wurden in Frankfurt 3,8 Millionen Übernachtungsgäste und ***6,6*** Millionen Übernachtungen gezählt – ***7,7*** Prozent mehr Übernachtungsgäste und ***8,8*** Prozent mehr Übernachtungen als im selben Zeitraum im Jahr davor.

395 // In der ***türkischen Stadt Gaziantep*** fahren alte Frankfurter Straßenbahnen aus den 1970er-Jahren.

396 // Die Geräte, die die Lichtinstallation des Gallileo-Tower in verschiedenen Farben erstrahlen lassen, werden auch für die Lichtkonzeption in allen Etagen des Kaufhauses ***»Galeries Lafayette« in Paris*** verwendet.

397 // Für das ***Jahr 2040*** wird vom »Bürgeramt, Statistik und Wahlen« für Frankfurt eine Einwohnerzahl von 829.773 vorausberechnet.

398 // Der Stürmer Fritz Becker schoss am ***5. April 1908 in Basel*** gegen die Schweiz das erste Länderspieltor der deutschen Fußballgeschichte als Spieler des FC Frankfurter Kickers 1899, einem der Vorgänger der heutigen Eintracht.

399 // In Frankfurts Innenstadt gibt es ***3.300 Parkplätze*** im öffentlichen Raum.

400 // 2014 haben 98.000 Autofahrer in Frankfurt geparkt, ***ohne ein Parkticket*** zu ziehen, 93.000 Fahrer haben die Parkzeit überschritten.

401 // Der Schlagzeuger der Punkband Green Day (»21 Guns«), ***Tré Cool***, wurde 1972 in Frankfurt als Sohn eines hier stationierten US-Soldaten geboren.

402 // Seit 2015 steht den Gepäckverladern am Flughafen Frankfurt ein fahrendes Fitnessmobil für ***Rücken- und Wirbelsäulentraining*** in einem umgebauten Transporter direkt am Rollfeld zur Verfügung.

403 // ***Queen Elizabeth II.*** bekam bei ihrem ersten Besuch in Frankfurt am 25. Juni 2015 im Kaisersaal Tafelspitz mit »Grie Soß« serviert.

404 // In Frankfurt sind 45 Prozent der Erwerbstätigen Frauen, in Führungspositionen finden sich etwa ***24 Prozent Frauen***.

405 // Die Stadt Frankfurt zahlte bis 2015 für das Befüllen der ***Hundekot-Beutelspender*** 20.000 Euro pro Jahr. Seit 2016 werden sie nicht mehr befüllt.

406 // Das ***Durchschnittsalter*** in Frankfurt beträgt 41,09 Jahre.

407 // In der Weichtiersammlung des Senckenberger Forschungsinstituts gibt es die weltweit größte Sammlung von ***Landschnecken von den Philippinen***.

408 // Die ***»Messe Frankfurt GmbH«*** organisiert pro Jahr 46 Veranstaltungen in Deutschland und 86 im Ausland.

409 // IM KAUFHOF IN FRANKFURT KANN MAN »FEINE FRANKFURTER WÜRSTCHEN« AUS MARZIPAN DER FIRMA »ODENWÄLDER MARZIPAN« AUS UNTERFRANKEN KAUFEN. AUF DEM ETIKETT AUF DER RÜCKSEITE STEHT GROSS ZU LESEN: »FRANKFURTER WÜRSTCHEN/WIENER WÜRSTCHEN«

410 // Stadt Frankfurt ist ein Dorf ***mit 35 Einwohnern*** in Sachsen-Anhalt.

411 // Seinen Namen hat Stadt Frankfurt von einem ***Gasthaus »Zur Stadt Frankfurt«*** im 19. Jahrhundert.

412 // Im ***Historischen Museum Frankfurt*** wurde 1972 das erste Kindermuseum Deutschlands eröffnet.

413 // ***Elisabeth Winterhalte***r führte 1895 als erste Frau Deutschlands im Frankfurter Krankenhaus des Vaterländischen Frauenvereins einen Kaiserschnitt durch.

414 // 80 Prozent der Beschäftigten in Frankfurt zählen zur Kategorie ***»Experte mit mindestens vierjähriger Hochschulausbildung«***. Bundesweit sind es nur 12,7 Prozent.

415 // Eine der ***nobelsten*** Adressen in Frankfurt ist der ***Nobelring*** am Lerchesberg. Er ist benannt nach dem Stifter des Nobelpreises, Alfred Nobel.

416 // ZUM 31. DEZEMBER 2014 WAREN 243 FRANKFURTER MINDESTENS 99 JAHRE ALT.

ZEPPELIN
Wurst
DAS WIRTSHAUS
DAS WIRTSHAUS
OPEN

417 // Die Bronzeplastik »Der Hafenarbeiter« von Constantin Meunier auf der ***Friedensbrücke in Frankfurt-Sachsenhausen*** befindet sich beinahe identisch auch in Dresden, Antwerpen, Kopenhagen, Stockholm und Lima.

418 // Die am 3. April 1933 verliehene Frankfurter ***Ehrenbürgerschaft von Paul von Hindenburg***, der Hitler zum Reichskanzler ernannte, wurde am 11. Juni 2015 gelöscht.

419 // Die ***größte Videoleinwand*** Deutschlands mit 31 Metern Bildschirmdiagonale stand beim Public-WM-Viewing in der Frankfurter-WM-Arena 2014.

420 // Jedes einzelne LED-Element der insgesamt 336 dieser Videoleinwand war ***größer als ein handelsüblicher Fernseher***.

421 // DIE SEIT 1909 IN FRANKFURT PRODUZIERTE LEBERWURST »ZEPPELINWURST« DIENTE TATSÄCHLICH EINE ZEITLANG ALS BORDVERPFLEGUNG BEI ZEPPELINFAHRTEN.

---

422 // Jeden Tag starten am Frankfurter Bahnhof durchschnittlich 360 ***Fernbusse.***

423 // Im Frankfurter Museum für Moderne Kunst ist das Kunstwerk »Schwarzes Quadrat in Wand« bis ins Jahr 2052 ***eingemauert,*** man sieht nur die weiße, verputzte Wand.

424 // Die Betreibergesellschaft des Flughafens Frankfurt, FRAPORT, betreibt auch den Flughafen Hannover-Langenhagen zu 30 % und den ***slowenischen Flughafen Ljubljana*** zu 100 %.

425 // Die Straße direkt hinter dem Polizeipräsidium Frankfurt heißt ***Polizeimeister-Kaspar-Straße***, benannt nach dem Polizisten Otto Kaspar, der in der Nazizeit einer jüdischen Familie das Leben rettete.

426 // AUF DEM STRUWWELPETER-BRUNNEN AN DER HAUPTWACHE, AUF DEM VIELE FIGUREN AUS DEM BUCH DARGESTELLT SIND, FEHLEN DIE FIGUREN SUPPEN-KASPAR, DAUMENLUTSCHER, BÖSER FRIEDERICH UND ZAPPEL-PHILIPP.

---

427 // In Frankfurt gibt es ***zwei Struwwelpeter-Brunnen***: einen an der Hauptwache und einen im Stadionbad.

49
Rassismus führt zum Verlust ihres Mitgefühls.

pwc

428 // Der Vertrieb von ***Tipp-Ex***, der zehntbekanntesten deutschen Marke, begann 1959 in Frankfurt durch den Unternehmer Otto Wilhelm Carls.

429 // Frankfurt ist bei ***Ladendieben*** die neuntbeliebteste Stadt Deutschlands.

430 // DER »TOWER 185« IM GALLUS HÄTTE LAUT PLANUNG 185 METER HOCH WERDEN SOLLEN. WÄHREND DES BAUS ÄNDERTE SICH DIE HÖHE AUF 200 METER, DER ALTE NAME WURDE ABER BEIBEHALTEN.

---

431 // 2005 kamen etwa 55 Prozent ausländische und 45 Prozent deutsche Besucher nach Frankfurt. Heute haben sich durch die populären ***»Städtetrips«*** die Zahlen umgekehrt (57 Prozent deutsche, 43 Prozent ausländische Gäste).

432 // Das Globalisierungs- und Weltstädte-Forschungsnetzwerk stufte 2012 Frankfurt als einzige deutschsprachige Stadt als ***Alpha-Weltstadt*** ein.

433 // Von 2005 bis 2014 stieg die Zahl der ***Übernachtungen*** in Frankfurt um 76 Prozent.

434 // Das ***Regenwasser*** der fast 6.000 Quadratmeter großen Dachfläche des Einkaufszentrums »MyZeil« wird gesammelt und im Haus als Brauchwasser wiederverwertet.

435 // 2013 hat der Zoll am Frankfurter Flughafen 2.221 ***lebende Tiere*** sichergestellt, deren Einfuhr gegen das Washingtoner Artenschutzabkommen verstößt. Im Jahr 2014 waren es mit 14.835 Tieren 6,6-mal so viele.

436 // Der Gründer des ***Qualitätssicherungsinstituts*** »Fresenius«, Carl Remigius Fresenius, stellte während seiner Studienzeit die ersten chemisch-analytischen Versuche in einem selbst eingerichteten Labor im Gartenhaus seines Vaters in Frankfurt an.

437 // DEN FRANKFURTER HAUPTBAHNHOF PASSIEREN TÄGLICH KNAPP DOPPELT SO VIELE MENSCHEN WIE DEN STUTTGARTER HAUPTBAHNHOF.

438 // Fünf in den 1950er und 1960er Jahren vom städtischen Kulturamt an die Frankfurter Polizei ***verliehene Gemälde*** sind im Polizeipräsidium nicht mehr auffindbar.

439 // Der erste ***militärische Düsenjäger*** der Welt war die auch »Hitlers Wunderwaffe« genannte Messerschmitt Me262 des Frankfurters Willy Messerschmitt.

440 // 1945 musste eine ***Messerschmitt Me262*** am Flughafen Frankfurt notlanden und fiel so dem US-Militär in die Hände. Die vorgefundene Technik beeinflusste die amerikanische Weiterentwicklung von Flugzeugen mit Stahltriebwerken bis hin zum Jumbojet.

441 // In Frankfurt fehlen pro Jahr etwa 25.000 ***Wohnungen.***

442 // Die Zentrale des ***Deutschen Fußball-Bundes*** befindet sich in der Otto-Fleck-Schneise 6. Otto Fleck war zur Zeit des Stadionbaus Forstmeister und stimmte dem Fällen von Bäumen für den Stadionbau zu.

443 // Der Gründer des größten Lebensmittelkonzerns der Welt, ***Henri Nestlé***, wurde 1814 in der Frankfurter Töngesgasse geboren.

444 // Das Lied »Nur die Besten sterben jung« der ***Böhsen Onkelz*** bezieht sich auf ihren Freund Andreas »Trimmi« Trimborn, der 1990 23-jährig in Frankfurt-Sachsenhausen erstochen wurde.

445 // DER FRANKFURTER-FIGUREN-BRUNNEN AUF DER ZEIL WURDE VON EINEM KÜNSTLER UND SEINER MITARBEITERIN GESCHAFFEN, DIE BEIDE ZUFÄLLIG SO HEISSEN WIE BEKANNTE LEXIKA: LUTZ BROCKHAUS UND MANUELA MEYER.

446 // Das ***schmalste Haus Frankfurts*** ist das Haus »Goldener Greif« auf dem rekonstruierten Römerberg.

447 // Der verlustreichste Untergang der Seefahrtsgeschichte war der des ***Kreuzers »Wilhelm Gustloff«*** 1945, benannt nach dem ehemaligen Schweizer NSDAP-Landesgruppenleiter. Dieser war von David Frankfurter, der als Medizinstudent wegen der Machtergreifung Hitlers aus Frankfurt in die Schweiz fliehen musste, erschossen worden.

448 // ***Goethes Geburtshaus*** trug die Bezeichnung F 74.

449 // Der zweite ***»Grand Prix Eurovision de la Chanson«*** (heute: ESC) fand 1957 in Frankfurt im Funkhaus am Dornbusch statt.

450 // Beim zweiten Grand Prix in Frankfurt sorgte der dänische Beitrag »Das Schiff sticht heute Nacht in See« für Empörung, weil sich die Sänger Birthe Wilke und Gustav Winckler am Ende zwölf Sekunden lang küssten – ***der erste Kuss in der ESC-Geschichte***.

451 // Der bekannteste Tier-Fernsehonkel der 1970er-Jahre, ***Bernhard Grzimek***, präsentierte seine Sendung »Ein Platz für Tiere« von 1956 bis zu seinem Tod 1987 30 Jahre lang aus dem Funkhaus am Dornbusch.

452 // Der ehemalige Frankfurter Zoodirektor Bernhard Grzimek starb am 13. März 1987 in Frankfurt, während er der ***Tigernummer des Zirkus Althoff*** zuschaute.

453 // In Frankfurt gibt es rund ***44.300 Gästebetten***.

454 // FRANKFURT IST ZWEITTEUERSTE UNIVERSITÄTSSTADT DEUTSCHLANDS HINTER MÜNCHEN.

455 // Der durch den Film »Schindlers Liste« bekanntgewordene Unternehmer ***Oskar Schindler*** verbrachte die letzten 13 Jahre seines Lebens das halbe Jahr lang bei von ihm geretteten Juden in Jerusalem, die andere Jahreshälfte zurückgezogen in einer Einzimmerwohnung Am Hauptbahnhof 4 in Frankfurt.

456 // VON DEN RUND 370.000 WOHNUNGEN IN FRANKFURT SIND WENIGER ALS 20.000 EINZIMMERWOHNUNGEN FÜR STUDIERENDE.

457 // Pro Woche werden in Frankfurt mit etwa 300 Fahrzeugen ***30 Millionen Quadratmeter Straßen und Plätze*** gereinigt.

FRANKFURT UNIVERSITY OF APPLIED SCIENCES
9

458 // Rike Kurrle, Barkeeperin von ***»Harry's New York Bar«*** in Frankfurt-Sachsenhausen, war mit ihrer Kreation »Misses Pott and her Quincylicor« die Siegerin der ersten »Barmaid Olympics« 2014 in Berlin.

459 // 1974 versank beim WM-Spiel Deutschland gegen Polen das Waldstadion nach einem Regensturm im Wasser und die Feuerwehr musste das ***Spielfeld mit Schläuchen abpumpen***.

460 // Auf jede Apotheke im Frankfurter Stadtgebiet kommen durchschnittlich 1,72 ***Allgemeinmediziner***.

461 // Im US-amerikanischen ***Bundesstaat Wisconsin*** liegt »Frankfort« nur wenige Kilometer westlich von »Wien«.

462 // ***Wiener Würstchen*** heißen in Wien »Frankfurter«.

463 // IM JAHR 2014 DURFTEN AUSNAHMSWEISE 311 FLIEGER IN DER ZEIT DES NACHTFLUGVERBOTS AM FRANKFURTER FLUGHAFEN STARTEN.

464 // Der gegenwärtige ***goldene Brückengockel*** »Brickegickel« an der Alten Brücke ist der inzwischen sechste in der über 600-jährigen Geschichte des Brickegickels.

465 // Marianne Beuchert von »Blumen-Beuchert« am Rathenauplatz vermachte nach ihrem Tod ihr parkähnliches Anwesen am Marbachweg mit vielen geschützten Bäumen dem Leiter des Palmengartens. Es wurde verkauft und eine Wohnbaugenossenschaft erbaute darauf ***43 Wohnungen und eine Tiefgarage***.

466 // Jeder zweite Frankfurter lebt in einem ***Singlehaushalt.***

467 // Von 2005 bis zum Ende der Live-Übertragungen 2013 fand die ***Samstagslottoziehung*** im Frankfurter Main Tower statt.

468 // Am 25. November 2015 öffnete auf der Zeil das ***Deutsche Museum für Kochkunst und Tafelkultur***. Von 1909 bis 1945 gab es schon mal ein Kochkunstmuseum in Frankfurt.

469 // ZUM ENDE DES SCHULJAHRES 2013/14 VERLIESSEN 269 KINDER OHNE HAUPTSCHULABSCHLUSS FRANKFURTS SCHULEN.

FREIE SCHULE FRANKFURT
Von der Lust am Lernen
www.freieschulefrankfurt.de
Leon
Arian

470 // ***80 Prozent*** des deutschen Internetverkehrs gehen über Frankfurt.

471 // Der erste ***umzäunte Fußballplatz*** Frankfurts lag hinter der Hundswiese an der Milchkuranstalt Taunusblick am Dornbusch.

472 // Der letzte Bürgermeister der Freien Stadt Frankfurt vor deren Annektierung durch Preußen 1866, Karl Konstanz Viktor Fellner, ***erhängte*** sich in seiner Wohnung in der ***Seilerstraße.***

473 // Der älteste der etwa 18 in Deutschland vergebenen ***Stadtschreiber-Preise*** ist der des Frankfurter Stadtschreibers, der ein Jahr Wohnrecht in Bergen-Enkheim beinhaltet.

474 // Der Stadtschreiber von Bergen-Enkheim 2002/2003, Uwe Timm, schrieb das Buch für den Film ***»Rennschwein Rudi Rüssel«.***

475 // Die Frankfurterin Tilly Edinger war die ***Begründerin der Paläoneurologie***, die fossile Gehirne erforscht.

476 // Ein 1925 eingeführtes und 1936 wieder abgeschafftes Stadtwappen mit einem stilisierten Adler findet sich heute noch auf der Ehrenplakette der Stadt Frankfurt und im Wappen des ***Feuerwehrsportvereins.***

477 // An der Philosophisch-Theologischen Hochschule Sankt Georgen war in den 1980er-Jahren ***Papst Franziskus*** einige Monate zu Gast, um für seine Dissertation zu recherchieren.

478 // Das ***Unwort des Jahres*** wird jährlich von der Jury der »Sprachkritischen Aktion Unwort des Jahres« an der Uni Frankfurt ausgewählt.

479 // Der alten Frankfurter ***Teegebäckspezialität*** »Brenten«, die Traditionsbäckereien in der Advents- und Weihnachtszeit anbieten, widmete Eduard Mörike (»Der Feuerreiter«) ein 36-zeiliges Gedicht.

480 // 75 Prozent der eingetragenen ***Lebenspartnerschaften*** in Frankfurt gehen Männer miteinander ein.

481 // Das Fußballspiel Eintracht Frankfurt gegen Darmstadt 98 am 6. Dezember 2015 war das erste Aufeinandertreffen ***zweier hessischer Mannschaften*** in der Bundesliga seit 1984.

482 // Im 19. Jahrhundert standen ***Straßennamen*** von Straßen, die parallel zum Main liefen, auf roten Schildern, die von senkrecht vom Main abgehenden Straßen auf blauen Schildern.

483 // Der weltbekannte Name Rothschild entstand, als in Frankfurt um 1567 Isaak Elchanan das Haus ***»Zum Roten Schild«*** in der Judengasse 69 baute. Seine Nachfahren nahmen diesen Namen an.

484 // Seit dem 18. Jahrhundert gilt als das Stammhaus der weitverzweigten Familie ***Rothschild*** das Haus »***Zum Grünen Schild***« in der Judengasse 148.

S
U
Rathaus
Römer
← Goetheplatz
← Opernplatz

485 // BEI DER FRANKFURTER S-BAHN RHEIN-MAIN IST JEDER ZEHNTE ZUG VERSPÄTET, KEINE S-BAHN IN DEUTSCHLAND IST UNPÜNKTLICHER.

486 // Die Skulptur ***»Body of Knowledge«*** auf dem Campus Westend der Goethe-Uni ist aus einzelnen Buchstaben acht verschiedener Alphabete aufgebaut.

487 // Die U-Bahn fährt an der Station Lindenbaum einen Bogen um die ***über 300 Jahre alte Eschersheimer Linde*** an der Eschersheimer Landstraße.

488 // Der Kampfpanzer der US-Army ***»M1 Abrams«*** ist nach dem Oberbefehlshaber der US-Truppen im Vietnamkrieg, Creighton Williams Abrams, benannt. Von 1975 bis 1996 hieß das I. G.-Farben-Haus offiziell »General Creighton W. Abrams Building«.

489 // Das Reiterstandbild von ***Fritz Böhle am Wendelsplatz*** in Frankfurt-Sachsenhausen war die Vorlage für das Logo des »Binding«-Doppelbocks »Carolus der Starke«.

490 // Im »CREAM-music Musikhaus Hummel« in der Taunusstraße wurde die ***erste elektronische Gitarre*** in Deutschland verkauft.

491 // Nach 200 Jahren stellte man 2009 in der am Mainufer gelegenen Leonhardskirche fest, dass ***die Figuren auf den Wandfresken gar nicht knien, sondern stehen.*** Der Kirchenboden war im 19. Jahrhundert zum Schutz vor Hochwasser mit 50 Zentimetern Schutt aufgefüllt worden, so dass die Unterschenkel der Figuren verdeckt waren.

492 // 2015 bekamen 17 Bürger, die ***Zivilcourage*** zeigten, einen 50-Euro-Einkaufsgutschein von der Polizei.

493 // Die erste Auszeichnung für einen Frankfurter Forscher war gleich der Nobelpreis, den der ***Immunologe Paul Ehrlich*** 1908 erhielt.

494 // Paul Ehrlich entwickelte in Frankfurt die ***Chemotherapie.***

495 // Das im Fanshop angebotene ***Eintracht-Fan-Food*** von Adler-Kaugummi bis Eintracht-Speck wird identisch nur mit anderer Verpackung auch in den Fanshops weiterer zwölf Vereine von FC-Bayern München über Hertha BSC bis Hamburger SV angeboten.

496 // Als erste Stadt Deutschlands hat Frankfurt ein System entwickelt, bei dem ***Kinderbetreuungsplätze*** übers Internet gesucht werden können.

497 // Auf der Frankfurter Buchmesse 2010 wurde eine Flasche Champagner und eine Flasche Spülmittel als Preis für den ***kuriosesten Buchtitel*** vergeben an: »Zehn Tipps, das Morden zu beenden und mit dem Abwasch zu beginnen« von Hallgrímur Helgason.

498 // Neben Frankfurt nennen sich in Deutschland 21 weitere Städte ***»Europastadt«***.

499 // 65 Prozent aller weltweit frei gehandelten ***Fellwaren*** wurden in den 1980er Jahren über Frankfurt umgeschlagen.

500 // ***Alle Besucher*** des gesamten 25-tägigen Frankfurter Oktoberfests hätten an einem einzigen Tag auf dem Münchner Oktoberfest in allen Festzelten Platz.

501 // Der ***Kunstraub*** aus der Frankfurter Schirn Kunsthalle 1994 war der spektakulärste nach dem Zweiten Weltkrieg, da die drei gestohlenen Bilder in einer geheimen Aktion durch die Museen von den Hehlern zurückgekauft wurden, und diese dafür nicht belangt wurden.

502 // IM 259 M HOHEN COMMERZBANK-TURM GIBT ES IN DER VORSTANDSETAGE EIN VERGLASTES PISSOIR, DURCH DAS MAN AUF DIE SKYLINE VON FRANKFURT SCHAUEN KANN.

---

503 // Der 1948 in Frankfurt geborene Erich Ließmann wurde unter dem ***Pseudonym Jean Frankfurter*** einer der bekanntesten Schlagerkomponisten und entdeckte Helene Fischer.

504 // Das 500 Kilometer lange ***Feuermeldenetz*** per Kabel der Frankfurter Berufsfeuerwehr ist das größte in Deutschland.

505 // Der erste elektrische Feuermeldetelegraf, der 1876 am Dom installiert wurde, fiel im selben Jahr ***beim großen Brand*** in der Frankfurter Altstadt den Flammen zum Opfer.

506 // Genau 500 Jahre lang, von 1443 bis 1943, wurden Feuer in Frankfurt von einem Türmer ***auf einem Kirchturm ausgerufen***.

507 // Der Versorger »Mainova« liefert das ***Trinkwasser*** für Frankfurt laut Vertrag bis zum 15. September 2035.

508 // Die erste deutsche Bundesministerin war die Frankfurterin Elisabeth ***Schwarzhaupt,*** die von 1961 bis 1966 das Ministerium für ***Gesundheitswesen*** leitete.

509 // Anfang des 19. Jahrhunderts musste jeder Frankfurter Bürger, der nach 22 Uhr auf der Straße unterwegs war, eine ***Laterne*** mit sich tragen.

510 // Der Entdecker der Kontinentalverschiebung, ***Lothar Alfred Wegener***, machte seine Theorie zum ersten Mal 1912 bei einem Vortrag vor der »Senckenbergischen Naturforschenden Gesellschaft« in Frankfurt öffentlich.

511 // Bei den ***»Mixology Bar Awards 2016«*** gewannen gleich zwei Frankfurter Bars: »Seven Swans & The Tiny Cup« (Neue Bar des Jahres) und »Roomers« (Hotelbar des Jahres).

512 // Am 24. Oktober 1924 wurde vom Südwestdeutschen Rundfunk in Frankfurt das erste Hörspiel Deutschlands, ***»Zauberei auf dem Sender«,*** ausgestrahlt.

513 // DER MAIN ERREICHTE BEIM HOCHWASSER 1995 EINEN PEGEL VON 5,47 METER. AM 22. JULI 1342 STAND DER MAINPEGEL BEI 7,85 METER.

514 // Der Schriftsteller und Journalist Alfons Paquet widmete 1947 ein ganzes Buch »Der Frankfurterin« und preist darin die ***Vorzüge der Frankfurter Frauen***.

515 // 37 Prozent der begangenen ***Straftaten*** in Frankfurt sind Diebstahlsdelikte.

516 // Frankfurt weist jedes Jahr eine hohe Kriminalitätsrate auf, weil die etwa ***4.000 Delikte am Flughafen*** in die Kriminalstatistik mit einfließen und die vielen Messebesucher und Pendler nicht glattgerechnet werden.

517 // Die Idee, aus dem ehemaligen I. G.-Farben-Haus nach dem Abzug der alliierten Truppen 1995, die es als Headquarter benutzten, einen Uni-Campus zu machen, wurde damals als ***»Schnapsidee«*** bezeichnet.

518 // Im Main Tower kann man sich ***in 200 Metern Höhe*** standesamtlich trauen lassen.

519 // Die »Internationale Luftschiffahrt-Ausstellung Frankfurt 1909« war die ***erste und weltweit größte und längste Luftfahrtausstellung***. Sie dauerte insgesamt 100 Tage.

520 // FRANKFURTER HOTELS HABEN EINE BETTENAUSLASTUNG VON 54 PROZENT UND EINE ZIMMERAUSLASTUNG VON ETWA 68 PROZENT. DIE DISKREPANZ KOMMT DADURCH ZUSTANDE, DASS IN FRANKFURT BESONDERS VIELE ALLEINREISENDE GESCHÄFTSLEUTE ZIMMER MIT DOPPELBETTEN BELEGEN.

521 // Für seine TV-Reportage »Unter Null – Obdachlos durch den Winter« recherchierte ***Günter Wallraff unter anderem als Obdachloser*** im Containerdorf im Frankfurter Ostpark.

522 // In Frankfurt werden pro Jahr ***44 Millionen Kubikmeter Trinkwasser*** verbraucht.

523 // ***Jürgen Klopp*** spielte in seinen Amateurjahren bei Eintracht Frankfurt und bei Rot-Weiss Frankfurt und machte nebenbei seine ersten Trainererfahrungen als Trainer der C2-Jugend der Eintracht 1987/88.

524 // Die Frankfurter Uni besitzt ***200 Schädelmodelle***, die sich Studierende ausleihen können.

525 // DIE AUSSENROLLTREPPEN AN DER STATION DOM/RÖMER SIND MIT 13,2 METERN DIE LÄNGSTEN DER FRANKFURTER U-BAHN.

The English Theatre
Frankfurt
THE GLASS MENAGERIE
Die Glasmenagerie
a memory play by Tennessee Williams
director Tom Littler
playing from 5th September 2015
tel (069) 242 316-20
www.english-theatre.de
COMMERZBANK
The English Theatre
Frankfurt
ABONNEMENT

526 // Das Frankfurter ***Traditionsgebäck »Bethmännchen«*** soll angeblich für die Bankiersfamilie Bethmann erfunden worden sein. Die ursprünglich vier aufgesteckten Mandelhälften standen für die Söhne der Familie, eine Mandel wurde entfernt, als ein Sohn starb.

527 // Es kann sich bei den drei Mandelhälften aber auch ganz profan um die Darstellung von ***betenden Händen*** handeln, also um »Bet-Männer«.

528 // DAS ENGLISH THEATRE IM GALLILEO-HOCHHAUS AN DER GALLUSANLAGE IST MIT 300 SITZPLÄTZEN DAS GRÖSSTE ENGLISCHSPRACHIGE THEATER KONTINENTALEUROPAS.

---

529 // Frankfurt ist das einzige Handelszentrum für die ***chinesische Währung Yuan*** in der Euro-Zone. Über 1.000 deutsche Unternehmen können dadurch ihre chinesischen Geschäftspartner direkt mit Yuan bezahlen.

530 // Frankfurt liegt neun Kilometer Luftlinie ***näher an Leipzig*** als an München.

531 // Jeder ***Schwimmbadbesuch*** in Frankfurt wird von der Stadt mit zehn Euro bezuschusst.

532 // Der ***erste amtliche Luftpostflug*** der Welt fand am 10. Juni 1912 von Frankfurt-Niederrad nach Darmstadt mit dem Doppeldecker »Gelber Hund« statt.

533 // Die ***Schillerpassage*** in der ***Rahmhofstraße*** befindet sich im ehemaligen ***Rahmhof.*** Er hat nichts mit dem Milchprodukt zu tun, sondern heißt so nach den dort ansässigen Wollwebern, die hier ihre Tuchrahmen aufstellten.

534 // Die bekannte Reisezeitschrift »Merian« ist benannt nach dem Schweizer Kupferstecher Matthäus Merian, der im 17. Jahrhundert in Frankfurt einen ***Reisebuchverlag*** führte.

535 // Das ***Wappen von Nieder-Eschbach*** wurde erst 1972 zur 1.200-Jahr-Feier des Stadtteils kreiert.

536 // DER BAHNHOF KONSTABLERWACHE IST NACH DEM HAUPTBAHNHOF DER AM ZWEITMEISTEN FREQUENTIERTE BAHNHOF FRANKFURTS MIT 191.000 FAHRGÄSTEN PRO TAG.

---

537 // Die ***richtige »Konstablerwache«*** gibt es an dieser Stelle seit 1886 nicht mehr.

538 // Das Haus neben dem ***Römer***, in dem sich heute die »Weinstube im Römer« befindet, nannte man früher auf Frankfurterisch ***»Laderam«,*** weil der Sitz des Papstes, der in ***Rom*** residiert, ***Lateran*** heißt.

539 // Die Stadt Frankfurt plant, sich bis zum Jahr 2050 vollständig selbst mit ***erneuerbaren Energien*** zu versorgen.

540 // Der ***Deutsche Fleischer-Verband*** hat seinen Hauptsitz in der Stadt der »Frankfurter Würstchen«.

541 // In den 1950er-Jahren erwartete man, dass die ***Einwohnerzahl Frankfurts*** bis 1990 auf 789.000 Menschen ansteigen würde. Tatsächlich hatte Frankfurt am 31. Dezember 1990 644.865 Einwohner.

542 // Im Gutleutviertel in Frankfurt gibt es das ***Bestattungsunternehmen »Kistner & Scheidler«.***

543 // IN EINEM SAAL DER EHEMALIGEN WEINWIRTSCHAFT »SCHARF« ECKE SCHÄRFENGÄSSCHEN/HOLZGRABEN LAUSCHTE DER 14-JÄHRIGE GOETHE EINEM KONZERT DES 7-JÄHRIGEN MOZART.

---

544 // Der erste Minister der deutschen Nachkriegsgeschichte, der einem Attentat zum Opfer fiel, war der ***hessische Wissenschaftsminister*** Heinz-Herbert Karry. Er wurde am 11. Mai 1981 in der Hofhausstraße in Frankfurt-Seckbach ermordet.

545 // Im ***»Frankfurter Pitchclub«*** werden (ähnlich dem TV-Format »Die Höhle des Löwen«) Investoren und Existenzgründer zusammengeführt.

546 // Der Frankfurter Karnevalsprinz 2015, René ***Fisch***er, ist Mitglied und Ehrenoffizier des Karnevalsvereins »Fidele ***Nass***auer«.

547 // Die Frankfurter Karnevalsprinzessin 2015, Dani Fischer-Vöglin, hat das Frankfurter Stadtwappen auf den ***Oberarm tätowiert***.

SCHAUSPIEL FRANKFURT

548 // MIT 87,5 PROZENT IST DAS SCHAUSPIEL FRANKFURT DAS THEATER MIT EINER DER HÖCHSTEN AUSLASTUNGEN IN DEUTSCHLAND.

549 // ***Ein Liter Wasser*** aus dem Wasserhahn kostet in Frankfurt 0,16 Cent.

550 // Rund um das Wohn- und Bürogebäude Riedbergzentrum an der Riedbergerallee zieht sich ein künstlerisch gestaltetes Band, das in ***Blindenschrift einen Satz von Thomas von Aquin*** zitiert.

551 // ***Elvis Presley*** wurde während seiner Stationierung als GI in Bad Nauheim 1959 zweimal wegen einer Halsentzündung ins 97. General-Hospital in Frankfurt eingeliefert.

552 // Der »Fischerknoten« zum Verknoten zweier Garne macht im Internet Furore als ***»Frankfurter Knoten«,*** weil er von der Bloggerin eliZZZa bei einem Häkeltreffen in Frankfurt vorgeführt wurde.

553 // 15 Prozent der Fläche Frankfurts werden noch ***landwirtschaftlich genutzt.***

554 // Bei der Frankfurter S-Bahn Rhein-Main gibt es ***418 Lokführer.***

4
I want to b
inside you!
BOMBORA.html

555 // IN FRANKFURT BESEITIGEN

EHEMALIGE DROGENABHÄNGIGE UND LANGZEITARBEITSLOSE DER STABSSTELLE »SAUBERES FRANKFURT« AUFKLEBER VON AMPELN UND STRASSENSCHILDERN.

556 // Die ***Muse mit den vier Panthern*** auf der Alten Oper Frankfurt wurde 1962 von der Stadt an einen Schrotthändler verkauft und 1973 auf einem Autofriedhof in Nieder-Eschbach wiederentdeckt.

557 // Der ***Frankfurt-Marathon***, der am 17. Mai 1981 vor den Werkstoren der Hoechst AG startete, war der erste Stadtmarathon Deutschlands.

558 // Der ***Rentner Horst Jendrasch*** lief seit 1981 jeden Frankfurt-Marathon mit. Bei seinem 34. im Jahr 2015 kürzte er am Ende ab und nahm so nicht mehr an der Wertung teil.

559 // In den USA gibt es ein ***Frankfort,*** das im ***Marathon County*** liegt.

560 // Inoffizielles Wahrzeichen der Frankfurt-Marathon-Strecke ist der ***»Hammering Man«*** im Start- und Zielbereich. Als ***»Mann mit dem Hammer«*** bezeichnen Marathonläufer einen plötzlichen Leistungsabfall durch Kohlehydratmangel.

561 // Im Frankfurter Bahnhofsviertel befindet sich das zweitgrößte ***Hammermuseum*** Deutschlands.

562 // Im Frankfurt der 1990er-Jahre gab es einmalig in der deutschen Kriminalgeschichte einen ***»Hammermörder«,*** der binnen vier Monaten sieben Menschen mit einem Hammer erschlug.

563 // Von den rund 270.000 sozialversicherungspflichtig beschäftigten Frankfurtern arbeiten 19.041 ***im Bereich Versicherung und Finanzen***. Nur fast halb so viele (10.095) sind in Reinigungsberufen tätig.

564 // Die ***Frankfurter Allgemeine Zeitung*** hat das größte Auslandskorrespondentennetz aller deutschen Zeitungen.

565 // Im ***Frankfurter Rotlichtviertel*** beim Hauptbahnhof liegt zwischen Sexshops und 21 Bordellen die Gaststätte ***»Moseleck«***.

566 // Seit 2015 ist kein privates Sicherheitsunternehmen mehr für die Bewachung der deutschen Goldreserven in Frankfurt zuständig, sondern die neu gegründete ***Bundespolizeiinspektion Deutsche Bundesbank***.

567 // Die ***Lieblingsparks*** der Frankfurter sind der Grüneburgpark im Westend vor dem Niddapark und dem Mainufer.

568 // ***Philipp Bozzini*** konstruierte bereits 1805 in Frankfurt die erste Form eines modernen Endoskops, das erst ein halbes Jahrhundert später weiterentwickelt wurde.

569 // Das heute kaum auffallende, ***31 Meter hohe Gewerkschaftshaus*** in der Wilhelm-Leuschner-Straße 69 war im Jahr seiner Eröffnung 1931 neben dem I. G.-Farben-Haus das ***höchste Bürogebäude Frankfurts***.

570 // Der von Frankfurt am weitesten entfernte Ort mit dem Namen Frankford liegt ***16.666,99 km Luftlinie entfernt*** in Tasmanien.

571 // Die ***Landeshauptstadt Wiesbaden lässt ihren Restmüll*** in Frankfurt und Offenbach für 100 Euro je Tonne verbrennen. Frankfurt zahlt für das Verbrennen einer Tonne Restmüll 215 Euro.

572 // Jede zweite Frankfurter Schule hat eine ***eigene Kantine.***

573 // Bei der ***Einschulungsuntersuchung*** 2014 waren von 6.228 getesteten Kindern 133 stark untergewichtig und 252 stark übergewichtig.

574 // Bei der Einschulungsuntersuchung 2015 wurden ***54,9 Prozent deutsche Kinder mit Migrationshintergrund*** und 6,4 Prozent ausländische Kinder gezählt.

575 // DIE BEIDEN DAMEN, DIE LINKS UND RECHTS DER GROSSEN UHR AM HAUPTEINGANG DES FRANKFURTER HAUPTBAHNHOFS ZU SEHEN SIND, STELLEN »TAG« UND »NACHT« DAR.

576 // Die beiden Figuren sind ***Statuen von Michelangelo*** auf dem Grabmal von Giuliano de' Medici in Florenz nachempfunden.

577 // Frankfurt ist der Hauptsitz des ***Rats für Formgebung***, der den »German Design Award« vergibt.

578 // Nur in Frankfurt gibt es noch Lokale, in denen der Apfelwein ***in 0,3-Liter-Gläsern ausgeschenkt*** wird. Überall sonst in Hessen haben sich 0,25-Liter-Gläser durchgesetzt.

579 // 2015 bezogen ***106.210 Frankfurter Altersrente*** und 14.371 Rente wegen verminderter Erwerbsfähigkeit.

BINDING
BINDING

580 // Der Frankfurter Zoo ist nach dem Berliner Zoo der ***zweitälteste in Deutschland.***

581 // Das ***Perishable Center*** am Frankfurter Flughafen ist der größte Knotenpunkt in Europa für den globalen Umschlag von Frischprodukten.

582 // Im Perishable Center werden auf 9.000 Quadratmetern Obst, Blumen und Meerestiere in ***20 Temperaturzonen*** zwischen -24 und +24 Grad Celsius gelagert.

583 // Beim ersten ***Alt-Sachsenhäuser Weihnachtsmarkt*** 2015 am Paradiesplatz war die Weihnachtskrippe in einem riesigen Holzbembel untergebracht, und zwei heilige Könige tranken mit Josef Apfelwein.

584 // DER 1994 ERRICHTETE »FRANKFURTER ENGEL« AM KLAUS-MANN-PLATZ WAR DAS ERSTE VOLLPLASTISCHE MAHNMAL GEGEN HOMOSEXUELLENVERFOLGUNG IN DEUTSCHLAND.

585 // Das Vorbild des »Frankfurter Engels« ist ein ehemaliger Engel mit Schriftband einer Gruppe von elf Engeln auf dem ***Westportal des Kölner Doms*** , der nur noch als Gipsmodell existiert.

586 // DER DREHORT DER ANWALTSKANZLEI IN DER TV-SERIE »EIN FALL FUR ZWEI« WAR IM BÜRO CENTER NIBELUNGENPLATZ.

---

587 // Die ***Tiefgarage*** des Büro Centers Nibelungenplatz wurde in den 1970er -Jahren als Atomschutzbunker gebaut.

588 // ***Johann Jacob Söhnlein***, der Gründer der Sektkellerei »Söhnlein« mit der bekannten Marke »Söhnlein Brillant«, wurde 1827 in Frankfurt geboren.

589 // Die ***ehemalige Villa Mumm*** des gleichnamigen Sektherstellers am Frankfurter Stadtwald nutzte die »Organisation Gehlen«, die Vorläuferin des Bundesnachrichtendienstes, 1949 als Quartier.

590 // Der vermutlich ***älteste Orang-Utan der Welt***, Charly, wurde 2014 mit 57 Jahren im Frankfurter Zoo eingeschläfert.

Stadtmitte
P Leitsystem
Miquelallee

591 // Im Haarstudio Hofmann in Frankfurt-Unterliederbach bekommen jedes Jahr zu Weihnachten etwa 20 Rentnerinnen und Arbeitslose einen ***kostenlosen Haarschnitt***.

592 // ***»Frankfurter Pillen«*** sind ein Abführmittel aus dem 17. Jahrhundert aus Aloe und Rhabarber, entwickelt vom Frankfurter Stadtarzt Johann Hartmann Beyer.

593 // Aus dem riesigen Eintracht-Trikot, das die ***lebensgroße T-Rex-Figur*** vor dem Senckenbergmuseum in der Saison 2013/14 trug, hätte man 20 Kindertrikots machen können.

594 // Den Erlös aus der Versteigerung des Riesen-T-Rex-Trikots schenkte Eintracht Frankfurt dem Senckenbergmuseum für den Erwerb eines ***Vogelstimmenquiz.***

595 // EINE DER ERSTEN ZEITUNGEN ÜBERHAUPT WAR 1615 DIE FRANKFURTER POSTZEITUNG, DIE 251 JAHRE LANG VON POSTILLIONEN IM GANZEN LAND VERTEILT WURDE.

---

596 // Im November 1948 kostete ***ein Kilo Suppenhuhn*** in München 5 Mark, während man in Frankfurt 17 Mark dafür zahlen musste.

597 // Frankfurt verbraucht mit jährlich etwa ***22.600 Gigawattstunden*** 1 Prozent des deutschen Jahresverbrauchs.

598 // An Weihnachten 2007 fielen in den Stadtteilen rund um den Industriepark Höchst zehn Zentimeter Schnee, ausgelöst durch ***Wasserdampfemissionen der Kraftwerkskühltürme***, während das übrige Rhein-Main-Gebiet schneefrei war.

599 // Die Werksfeuerwehr des Industrieparks Höchst ist mit etwa ***130 hauptberuflichen Mitarbeitern*** die zweitgrößte Deutschlands nach der BASF-Werksfeuerwehr in Ludwigshafen.

DETEKTIV TUDOR
Detektiv TUDOR
TUDOR
TUDOR
READY FOR
advance

600 // Von den 528.000 in Frankfurt Beschäftigten leben ***185.000*** in Frankfurt.

601 // Frankfurt besuchen pro Jahr als Touristen ***genauso viele Australier wie Afrikaner,*** nämlich 0,7 Prozent.

602 // Das von ***Karl dem Großen*** 794 in Frankfurt eingeführte Münzsystem mit den Einheiten 240 Pfennig=20 Schilling=1 Pfund wurde in Europa 400 Jahre lang beibehalten, in Großbritannien bis 1971 und beim Malteserorden bis heute.

603 // Die ***drittgrößte Moschee der Welt*** nach denen in den islamischen Pilgerstädten Mekka und Medina hat das Frankfurter Architekturbüro »KSP Jürgen Engel Architekten« in Algier gebaut.

604 // AUF DEM HAUS IN DER STIFTSTRASSE 36, IN DEM 1957 DER BIS HEUTE UNAUFGEKLÄRTE MORD AN DER PROSTITUIERTEN ROSEMARIE NITRIBITT STATTFAND, BEFINDET SICH DIE RIESIGE REKLAME DER DETEKTEI TUDOR.

605 // Der Nachmieter des Appartments 41 im vierten Stock hatte eine Zeitlang ***ein Foto von Rosemarie Nitribitt*** ins Fenster gestellt.

606 // Das sogenannte ***»Nitribitt-Haus«*** aus den 1950er-Jahren steht seit 2013 unter Denkmalschutz.

607 // DIE KATZENSKULPTUREN AUF DEM RATHAUS GEHEN AUF DAS JAHR 1493 ZURÜCK, ALS DIE STADTVERWALTUNG SECHS KATZEN GEGEN EINE MÄUSEPLAGE IM RÖMER EINSETZTE.

---

608 // Der Hut des leitenden Kommissars, Helmut Konrad, den er am Nitribitt-Tatort abgelegt hatte, ging 1957 als ***»zurückgelassener Hutes des Mörders«*** durch die Presse.

609 // In Frankfurt kommt durchschnittlich jeden Tag ein Jugendlicher unter 21 Jahren mit einer ***Alkoholvergiftung*** ins Krankenhaus.

610 // Von dem Frankfurter Traditionsgebäck »Haddekuchen« verkauft die Bäckerei Weidenweber, eine der wenigen, die ihn noch herstellen, pro ***Monat 30 Stück*** in zwei Filialen.

611 // DIE AUFKLÄRUNGSQUOTE DER FRANKFURTER POLIZEI LIEGT BEI 61 PROZENT.

POLIZEI
Notruf 110
POLIZEI

612 // Vor dem Zweiten Weltkrieg gab es in den Häusern von Frankfurts Innenstadt nur ***eine Toilette auf 100 Bewohner***.

613 // Der Ansatz der Stadt Frankfurt zur Drogenprävention, der bundesweit Schule machte, heißt ***»Frankfurter Weg«.***

614 // Seit dem 17. Jahrhundert nennt man die Straße, die die Rhein-Main-Region mit ***den Gebieten an der Weser und der Nordsee*** verband, »Frankfurter Weg«.

615 // Im Rekordsommer 2015 haben 250 Frankfurter in klimatisierten Luxushotels zum ***»Hitzefrei«-Spezialpreis*** übernachtet.

616 // Rund 2.500 Menschen haben in Frankfurt ***keine eigene Wohnung*** und leben in Notunterkünften, etwa 160 Menschen sind obdachlos.

617 // Die ***erste Übertragung elektrischer Energie*** mit hochgespanntem Drehstrom 1891 in Frankfurt markierte den weltweiten Siegeszug des Wechselstroms.

618 // »Die Fraa Rauscher aus de Klappergass, die hoot e Beul am Ei/ob des vom Rauscher, obs vom Alte kimmt, des klärt die Bolizei« (Frau Rauscher aus der Klappergasse hat eine Beule am Kopf/ob sie vom Rauscher oder vom alten Apfelwein kommt, klärt die Polizei«) ist das ***bekannteste Apfelweinlied.***

619 // »Frau Rauscher« heißt die ***Ultimate-Frisbee-Frauen-Mannschaft*** von Eintracht Frankfurt.

620 // IM KARTENSPIEL »ORIGINAL FRANKFURTER APFELWEINQUARTETT« GIBT ES KATEGORIEN WIE »GRÖSSTER BEMBEL«, »SCHOPPENPREIS«, »GEWICHT DES RIPPCHENS«, »ENTFERNUNG ZU FRAU RAUSCHER« ODER »ÄLTESTER STAMMKUNDE«.

621 // DER »LICHTKOKON« AN DER NIBELUNGENALLEE BESTEHT AUS 5.000 KILOGRAMM STAHL UND 2.000 KILOGRAMM ALUMINIUM.

---

622 // Der Philosoph Arthur Schopenhauer, der die letzten 27 Jahre seines Lebens in Frankfurt verbrachte, bezeichnete Frankfurt als ***»den eigentlichen Mittelpunkt Europas«***.

623 // Entlang der U-Bahn-Trasse auf der Eschersheimer Landstraße sind seit Eröffnung der Strecke 1968 bis zu baulichen Sicherheitsmaßnahmen 2010 insgesamt ***33 Menschen*** beim Versuch, die Gleise zu überqueren, von der U-Bahn getötet worden.

624 // Wilhelm Buschs ***»Fromme Helene«*** entstand während seiner Zeit in Frankfurt und ist in weiten Teilen eine Anspielung auf die Frankfurter Kunstmäzenin Johanna Keßler.

625 // Über ***90 Prozent des gesamten Aktienhandels*** an allen deutschen Börsen entfallen auf den elektronischen Handelsplatz »XETRA«, dessen Zentralrechner in Frankfurt steht.

626 // Jede der ***klassischen sieben Kräuterarten*** der »Frankfurter Grünen Soße« darf maximal 30 Prozent der Gesamtmenge betragen, und mindestens 70 Prozent der Kräuter müssen aus Frankfurt und Umgebung kommen.

627 // Die 1.600 Kilometer lange ***Bagdadbahn*** von der Türkei in den Irak wurde als bautechnische Meisterleistung des frühen 20. Jahrhunderts von der Frankfurter Philipp Holzmann AG errichtet.

628 // DIE ELF ZACKEN DES WESTEND TOWERS, DEM SITZ DER DZ-BANK, RAGEN 11 METER ÜBER DAS GEBÄUDE HINAUS. DIE ÜBERGROSSE KRAWATTENSKULPTUR VOR DEM GEBÄUDE IST 11,88 METER HOCH.

---

629 // Die Zackenkrone des Westend Towers ist beheizt, damit sich im Winter keine Eiszapfen bilden. Einmal im Jahr steigt ein Techniker durch eine Klappe in die Hauptröhre der Krone und ***kontrolliert die Heizdrähte kriechend.***

630 // Mit 80.000 Beschäftigten ist der Frankfurter Flughafen die ***größte lokale Arbeitsstätte*** Deutschlands.

631 // Im ***St. Georgener Park*** in Frankfurt-Sachsenhausen gibt es über 1.200 verschiedene Baumarten, von der amerikanischen Araukarie bis zur argentinischen Zeder.

632 // DAS GRÜNE FUTTER DER ÜBERGROSSEN KRAWATTE VOR DEM WESTEND TOWER IST INSPIRIERT VOM GRÜNEN DACH DES WOOLWORTH-BUILDING-WOLKENKRATZERS IN NEW YORK, WEIL DIE KÜNSTLER CLAES OLDENBURG UND COOSJE VAN BRUGGEN GEGENÜBER IHR BÜRO HATTEN.

---

633 // Die ***»Publikumsbeschimpfung«,*** die Peter Handke berühmt machte, wurde am 8. Juni 1966 im Frankfurter Theater am Turm uraufgeführt.

634 // In Frankfurt gibt es ***210.000 organisierte Sportler***. 190.000 sind in Vereinen sportlich aktiv, 20.000 in Betriebssportgruppen.

635 // In Frankfurt, der ***Stadt der Anleger,*** gibt es 43 Straßen, die auf ***»Anlage«*** enden (wie Gallusanlage, Ludwig-Erhard-Anlage).

636 // Der ***Asteroid »(221516) Bergen-Enkheim«*** wurde 2006 am Observatorium Bergen-Enkheim entdeckt.

637 // Am 30. Juni 2012 hatte Frankfurt zum ersten Mal in der Geschichte ***über 700.000 Einwohner.***

638 // DIE FIGURENGRUPPE UM DEN DIE WELT TRAGENDEN ATLAS AM FRANKFURTER HAUPTBAHNHOF IST 6,4 METER HOCH UND 12.000 KILOGRAMM SCHWER.

---

639 // Die Figuren, die den die Welt tragenden Atlas auf dem Hauptbahnhof unterstützen, ***symbolisieren Dampf und Elekrizität***.

640 // Die Atlas-Figurengruppe wurde ***1889*** in einer 45 Minuten dauernden Aktion auf das Dach des Hauptbahnhofs gehievt.

641 // Die erste 5-DM-Banknote 1948 war umstritten, weil auf ihr ***eine nackte Europa auf einem Stier reitend*** zu sehen war. Entworfen wurde sie vom Frankfurter Grafiker Max Bittrof.

642 // ***Max Bittrof*** war »doppelter Frankfurter«: geboren wurde er in Frankfurt (Oder), gestorben ist er in Frankfurt am Main.

643 // ***Frankfurter mit türkischem Pass*** wohnen hauptsächlich im Nordwesten und Osten der Stadt, die meisten Italiener leben in der Innenstadt, die meisten Kroaten im Süden.

644 // IM STADTVERORDNETENSAAL
IM RÖMER UND AUS PLATZGRÜNDEN
DANACH IM BÜRGERHAUS GALLUS
WURDEN 1963 ZUM ERSTEN MAL IN
DEUTSCHLAND DIE VERBRECHEN DES
HOLOCAUST VOR GERICHT VERHANDELT.

645 // DIE WASSERSPEIER-TIERKÖPFE AUF DEM GUTENBERG-DENKMAL AM ROSSMARKT STEHEN FÜR DIE VIER KONTINENTE: DER STIER SYMBOLISIERT EUROPA, DER LÖWE AFRIKA, DER ELEFANT ASIEN UND DAS LAMA AMERIKA.

646 // Die ***Villa des ehemaligen Frankfurter Bürgermeisters Willi Brundert*** am Nansenring 31 in Sachsenhausen wurde von der Stadt 2014 für 750.000 Euro verkauft. Für die Villa daneben am Nansenring 29 zahlte 2011 ein neuer Besitzer 1.980.000 Euro.

647 // Die ***44 Stahlstützen und 88 Seile*** des Innendachs der Commerzbank-Arena bilden mit insgesamt 9.000 Quadratmetern das größte Stahlseilmembran-Innendach der Welt.

648 // Die Stahlseilmembran-Dachkonstruktion der Commerzbank-Arena ist der schützenden Dachkonstruktion eines ***Amphitheaters im spanischen Saragossa*** nachempfunden.

649 // 2004 hatte der Flughafen Frankfurt zum ersten Mal in seiner Geschichte über ***50 Millionen Fluggäste*** im Jahr.

650 // Das markante ***Junior-Haus*** von 1951 am Kaiserplatz mit dem Mercedes-Stern auf dem Dach heißt nicht Junior-Haus, weil es ein kleines Hochhaus ist, sondern weil es vom Liegenschaftsverwalter Kurt Junior erbaut wurde.

651 // Eintracht Frankfurt hatte bis 2014 eine ***Futsal-Mannschaft***, die heute »Cosmos Hoechst Futsal« heißt.

652 // Der ***Fußgängertunnel*** an der Station Dornbusch ist mit 150 Metern die längste U-Bahn-Unterführung Frankfurts.

653 // Die Handläufe in der U-Bahn-Station Dornbusch sind teils rund, teils eckig. Die ***runden Handläufe*** stehen als Teil eines Gesamtkunstwerks für das Weibliche, die eckigen für das Männliche.

654 // Die ***günstigste Mietwohnung*** in Frankfurt bekommt man in Sindlingen für durchschnittlich 10,29 Euro pro Quadratmeter, die teuerste im Bahnhofsviertel für 20,73 Euro pro Quadratmeter.

655 // Da bei der ***Hauptstadtfrage*** zwischen Frankfurt und Bonn 1949 Frankfurt klarer Favorit war, ließ Bürgermeister Walter Kolb seine Dankesrede schon von Radio Frankfurt aufzeichnen.

656 // DIE NACH OBEN HIN OFFENEN ABFALLEIMER IN ÖFFENTLICHEN PARKS UND GRÜNFLÄCHEN IN FRANKFURT WERDEN SUKZESSIVE DURCH WELCHE MIT DECKEL UND KLEINER ÖFFNUNG AUSGETAUSCHT, DAMIT KRÄHEN DEN MÜLL NICHT HERAUSPICKEN UND AUF DER WIESE VERSTREUEN KÖNNEN.

---

657 // 1950 gab es abseits der Backshops, -ketten und Großbäckereien 300 ***selbstständige Bäcker*** in Frankfurt, aktuell sind es 19.

658 // Das ***Luftschiff »Hindenburg«***, das am 6. Mai 1937 in Lakehurst, USA, in Flammen aufging und damit das Ende der Luftschiffära einläutetet, startete seinen Flug von Frankfurt aus.

659 // Die letzte Ausgabe der legendären Quizshow »Einer wird gewinnen« mit ***Hans-Joachim Kulenkampff*** fand am 21. November 1987 in der Festhalle in Frankfurt statt.

SARG

660 // In Frankfurt stehen etwa ***60.000 Gelbe Tonnen***.

661 // In bis zu 40 Prozent der Gelben Tonnen oder Säcke in Frankfurt finden sich ***Dinge, die nicht hineingehören***, wie Papier und Pappe (14 Prozent), Metall (7 Prozent) oder Altglas (5 Prozent).

662 // Die ***»Frankfurter Schule«*** war eine Gruppe von Philosophen um Max Horkheimer und Theodor W. Adorno.

663 // Der ehemalige US-Präsident Dwight D. Eisenhower hatte als Oberkommandierender der alliierten Streitkräfte in Europa ein Büro im I. G.-Farben-Haus. Neben der Büronummer 1.314 hat es heute immer noch die Bezeichnung ***»Eisenhower-Saal«***.

664 // Das berühmte ***»Café Kranzler« in Berlin*** hatte von 1950 bis 1986 eine Filiale in Frankfurt an der Hauptwache.

665 // Am Frankfurter Agaplesion Bethanien Krankenhaus wurde 2003 die erste Herznotfall-Station, genannt ***»Chest Pain Unit«***, in Deutschland eingerichtet.

666 // DIE BAR FÜR SCHWULE UND LESBEN »KRAWALLSCHACHTEL« IN DER ALTEN GASSE 42 HEISST SEIT DEM 19. JAHRHUNDERT SO. IN DER »MÄRZREVOLUTION« VON 1848 MACHTE DAS VOLK »KRAWALL« GEGEN DEN ADEL.

667 // Das ***Kinderzentrum Kupferhammer*** in Frankfurt-Heddernheim wurde vom österreichischen Künstler Friedensreich Hundertwasser gestaltet und hieß davor Hundertwasser-Kindertagesstätte KITA 130.

668 // Nach Fertigstellung der ***Hundertwasser-Kindertagesstätte*** auf dem ehemaligen Gelände der Vereinigten Deutschen Metallwerke 1994 stellte man fest, dass der Boden mit Chlorkohlenwasserstoffen und Schwermetallen verseucht war. Die Sanierung kostete eine Million D-Mark.

669 // 2014 beschlagnahmte das Hauptzollamt Frankfurt ***624 Waffen*** ohne Transportgenehmigung.

670 // Die 1778 in Frankfurt erschienene »Deutsche Encyclopädie«, auch ***»Frankfurter Encyclopädie«*** genannt, war das erste deutsche Nachschlagewerk, das den Begriff Enzyklopädie verwendete.

671 // Der größte nationale Kochverband Europas, der ***»Verband der Köche Deutschlands«***, hat seinen Sitz in Frankfurt.

672 // Die einem neuen ***Sicherheitskonzept*** entsprechende Lautsprecheranlage auf dem Frankfurter Weihnachtsmarkt, mit der die Polizei im Notfall Besucherströme lenken kann, hat 80.000 Euro gekostet.

673 // Frankfurts Innenstadt entstand ***1333***, als Kaiser Ludwig der Bayer Frankfurt die Erweiterung seiner Fläche auf das ***Dreifache*** erlaubte.

674 // DER HÖCHSTE WEIHNACHTS-BAUM, DEN DIE STADT FRANKFURT BIS 2015 AUF DEM WEIHNACHTSMARKT VOR DEM RÖMER AUFGESTELLT HAT, WAR 2015 EINE URSPRÜNGLICH 37 METER HOHE FICHTE AUS BASEL.

675 // Original erhaltene Modelle der ***»Frankfurter Küche«***, der ersten Einbauküche der Welt von Margarete Schütte-Lihotzky, wurden für bis zu 28.000 Euro versteigert.

676 // Für eine Kunstausstellung in Dortmund wurde ein ***»Frankfurter Bienenhaus«*** geschaffen, das die Idee der »Frankfurter Küche« als Idealarbeitsplatz aufnahm.

677 // Das ***zweite »Effizienzhaus Plus«*** in der Graf-von-Stauffenberg-Allee 57 am Riedberg kann mit dem überschüssigen Strom aus seiner Photovoltaikanlage theoretisch jährlich zehn Elektroautos mit einer Reichweite von je 14.400 Kilometer aufladen.

678 // DER GRANITKEIL AM JÜRGEN-PONTO-PLATZ WIEGT 130 TONNEN.

679 // Das Internationale Postzentrum am Frankfurter Flughafen bearbeitet täglich bis zu ***5.000.000 Postsendungen***.

680 // Die jüngste deutsche Weltmeisterin aller Zeiten war 1958 mit 15½ Jahren die Frankfurter Eiskunstläuferin und Schauspielerin ***Marika Kilius*** (»Dancing on Ice«) in der Disziplin Rollschuhfahren.

681 // AN DER KÜNSTLERISCHEN GESTALTUNG DES JÜRGEN-PONTO-PLATZES VOR DEM SILBERTURM ARBEITETEN EIN JAHR LANG ZWÖLF STEINMETZE MIT PRESSLUFTHAMMER UND STEINMETZWERKZEUG.

682 // Im Frankfurter Zoo leben ***4.524 Tiere*** aus über 510 Arten.

683 // Der Geograf Jörg Otto veröffentlichte 2011 im Internet ein ***virtuelles Stadtmodell***, das die Altstadt Frankfurts vor ihrer Zerstörung im Zweiten Weltkrieg dreidimensional begehbar machte.

684 // Das »Virtuelle Altstadtmodell Frankfurt am Main« ***visualisierte 1.694 Häuser***.

685 // Täglich kommen ***342.000 Pendler*** nach Frankfurt.

686 // Auf der Gedenkstele vor ***Anne Franks Geburtsstätte*** im Marbachweg stand bei der Enthüllung 2009: »…einmal werden wir doch wieder Menschen und nicht alle Juden sein.« Das Zitat wurde falsch abgeschrieben und korrigiert, nun heißt es richtig: »… einmal werden wir doch wieder Menschen und nicht nur Juden sein.«

687 // AUF EINEM RELIEF DES GOETHE-DENKMALS IST KEIN VORFAHR SPOCKS ABGEBILDET, SONDERN DIE MYTHOLOGISCHE FIGUR EINES SATYRS, DER AUF GOETHES SATIRISCHE DRAMATISCHE DICHTUNGEN ANSPIELT.

688 // Seit 1960 beschäftigt der Frankfurter Zoo als erster Zoo Kontinentaleuropas eine ***Zoopädagogin.***

689 // Im ***Industriepark Höchst*** sollen die Glaskuppeln im Peter-Behrens-Bau, der 50 Jahre lang das Logo der Höchst AG war, an die Kristalle des Penicillin-Natriums unter einem Mikroskop erinnern.

690 // In Frankfurt gibt es ***17 Krankenhäuser*** mit 6.040 Betten.

691 // Rund ums Frankfurter Bahnhofsviertel werden pro Jahr etwa ***30.000 gebrauchte Spritzen*** eingesammelt.

692 // Das Palais Frankfurt an der Großen Eschenheimer Straße 10 ist eine verkleinerte Kopie des im Zweiten Weltkrieg zerstörten ***Palais Thurn und Taxis***. Teile der Steinfassade des alten Baus, die in Sachsen gelagert waren, wurden beim Wiederaufbau verwendet.

693 // DIE LICHTSTELE AM RATHENAUPLATZ DIENT NEBEN DEM KÜNSTLERISCHEN ASPEKT ZUR ENTLÜFTUNG DER FERNWÄRMELEITUNG, DIE ÜBER DEN PLATZ VERLÄUFT.

---

694 // Der Autor des »Struwwelpeter«, ***Heinrich Hoffmann***, war Initiator und Direktor der Anstalt für Irre und Epileptische im Frankfurter Affensteiner Feld.

Hugendubel

695 // ***Alois Alzheimer***, nach dem die Alzheimerkrankheit benannt ist, war ebenfalls Arzt in dieser Anstalt.

696 // Das mit 95 Metern kleinere der beiden Hochhäuser am Platz-der-Einheit wurde ***Kastor*** getauft, das größere (130 Meter) ***Pollux.*** In der griechischen Mythologie ist Pollux ein Halbgott, sein Halb- und Zwillingsbruder Kastor ein Sterblicher.

697 // IN DER FRANKFURTER ALTSTADT HABEN VON ETWA 1.700 FACHWERKHÄUSERN NUR ELF DEN ZWEITEN WELTKRIEG ÜBERSTANDEN, EINES DAVON, DAS HAUS WERTHEIM AM FAHRTOR 1, UNBESCHADET.

698 // ***John Lennon*** wollte 1977 mit Sohn Sean und seinem Assistenten von Japan nach New York fliegen. Yoko Ono empfahl aus Gründen der Zahlenmystik den Umweg über Frankfurt, wo John Lennon in einem schlechten Zimmer eines ausgebuchten Hotels schlafen musste. Sein Assistent, der für Paul McCartney gehalten wurde, bekam eine Nobelsuite.

699 // 2014 zogen ***10.879 Menschen*** mehr nach Frankfurt als wegzogen.

700 // ZÄHLUNGEN IM JAHR 2014 HABEN ERGEBEN, DASS ES IN FRANKFURT NICHT WIE BISHER ANGENOMMEN 40.000, SONDERN NUR ETWA 5.000 TAUBEN GIBT.

---

701 // Der Versuch, Frankfurts Taubenplage durch Bussarde Herr zu werden, wurde 2005 beendet, als ein Bussard vor der Alten Oper statt Tauben ***einen Terrier angriff***.

702 // An ***Heiligabend*** arbeiten am Frankfurter Flughafen im Sicherheitsdienst und auf dem Vorfeld 1.900 Menschen.

703 // Die 1882 in Betrieb genommene ***Kläranlage*** in Frankfurt-Niederrad war die erste auf dem europäischen Festland.

704 // Um einen höheren Kredit zu bekommen, gab der Frankfurter Betrüger und Bauunternehmer ***Jürgen Schneider*** 1992 die Nutzfläche für den Neubau der Zeilgalerie mit 22.000 statt mit tatsächlichen 9.000 Quadratmetern an und erfand 30 Mieter.

705 // Das ***Unwort*** des Jahres 1994 »Peanuts« bezog sich auf eine Äußerung des Deutsche-Bank-Sprechers, Hilmar Kopper, der die Schäden für die Handwerker im Zuge des Jürgen-Schneider-Skandals so bezeichnete.

706 // PRO JAHR GIBT ES IN FRANKFURT ETWA 4.000 BAUSTELLEN.

707 // Der ***Wackel-Elvis*** aus dem bekannten »Audi«-Werbespot wurde in Frankfurt kreiert.

708 // ANDREU ALFARO IST DER BILDHAUER, DER MIT ÜBER 100 WERKEN DIE MEISTEN ARBEITEN ZUM THEMA GOETHE GESCHAFFEN HAT. DIE GRÖSSTE UND SCHWERSTE DAVON, DER »OLYMP VON WEIMAR«, STEHT IN DER GALLUSANLAGE.

---

709 // Die 1919 gegründete bisherige ***Herrengesellschaft*** »Frankfurter Gesellschaft für Handel, Industrie und Wissenschaft« nimmt seit 2015 nach fast 100 Jahren zum ersten Mal Frauen auf.

710 // Sieben Prozent der Frankfurter Babys bekommen ***drei Vornamen***.

711 // Die einzige Frankfurter Straße, die mit X beginnt, ist die Xaver-Fendt-Straße, benannt nach dem ***Begründer der Traktorenfabrik »Fendt«***.

MIRELA STANLY lebt als Autorin in Köln. Eine Zeit lang pendelte sie täglich mit dem ICE nach Frankfurt (Fakt 685) und lernte dabei die Stadt, die »Grie Soß« sowie manche Frankfurter Eigenarten kennen und lieben. Bei der Recherche zu diesem Buch erfuhr sie, dass Touristen inzwischen häufiger das Euro-Zeichen fotografieren als Bulle und Bär und dass Ebbelwei ganz schön reinhaut….